大方
sight

创新，
从提问
开始

**深度学习模式
探秘**

陈明键
—————— 编著

中信出版集团 | 北京

图书在版编目（CIP）数据

创新，从提问开始：深度学习模式探秘 / 陈明键编
著 . -- 北京：中信出版社，2022.4
ISBN 978-7-5217-3955-8

Ⅰ . ①创… Ⅱ . ①陈… Ⅲ . ①教育事业－研究－以色
列 Ⅳ . ① G538.2

中国版本图书馆 CIP 数据核字（2022）第 020755 号

创新，从提问开始——深度学习模式探秘
编　　著：陈明键
出版发行：中信出版集团股份有限公司
　　　　　（北京市朝阳区惠新东街甲 4 号富盛大厦 2 座　邮编　100029）
承 印 者：浙江新华数码印务有限公司

开本：700mm×960mm　1/16　　　印张：17.25　　　字数：180 千字
版次：2022 年 4 月第 1 版　　　　印次：2022 年 4 月第 1 次印刷
书号：ISBN 978–7–5217–3955–8
定价：89.00 元

评论与赞誉

作者是一位充满好奇心和智慧的观察者，我也多次与他就犹太历史和传统，及其对以色列当前教育体系和社会的影响进行了深度探讨。本书的信息量极大，用富有吸引力的方式介绍了他从这段经历中得到的感想和成果。因此，我向中国读者强烈推荐这本书。我相信，它会给中国读者带来一段深刻而富有教益的旅途。

——哈诺赫·古特弗伦德 Hanoch Gutfrued
耶路撒冷希伯来大学前校长、爱因斯坦纪念馆馆长

作者研究犹太创新教育非常执着。他的洞察力和行动力也令人赞叹。本书确实揭示了犹太人在教育方面许多独特的传统和习惯，这些可能正是犹太人在科学上成功的原因。

——罗杰·科恩伯格 Roger David Kornberg
2006 年诺贝尔化学奖得主、美籍犹太人

犹太民族是书的民族。读书是他们智慧的来源，是这个民族与生俱来的优秀传统，在所有规则、律法、经典里面，他们总可以找到解疑释惑的清晰答案。作者的犹太教育系列访谈，是他在以色列希伯来大学访问学者期间的特别收获。《诗经·小雅》所谓"它山之石，可以攻玉"。而汉代桓宽

《盐铁论》曰"多见者博，多闻者智"。这个系列由视频传播而至文字出版，让读者可以更多阅读更多思考，实为博智之举，绵远流传。"君子学以聚之，问以辩之。"现在有了作者的孜孜寻求，我们终于可以舍远求近，可以更简单明了地理解犹太民族的智慧所在了。

——吕明方
中国医疗健康产业投资 50 人论坛（H50）创始主席、
方源资本（亚洲）有限公司合伙人、上海医药集团原董事长

明键是我十分敬重的学者型投资家和企业家，我们相识二十多年，他对事业的执着和倾力投入，对新知识的孜孜以求，对不同国家的科技、文化不断探索和深入研究的持恒坚持，都给我留下极深的印象，令人敬佩。他作为访学者出访以色列，以全新的视角尝试着全方位深入挖掘以色列的人文、历史、社会经济、文化科技的发展史，现状及未来发展趋势，并以视频和出版书籍方式传播到国内，视角独特，涉猎广泛，值得好好研读。

——权忠光
中国资产评估协会副会长、
北京中企华资产评估公司董事长

作者在耶路撒冷一年半，就犹太创新与早期教育间的关系走访甚广，思考不断。更难能可贵的是不仅付诸家庭教育实践，还创立了中以海德，借助以色列科学家的"最强大脑"来攻克乙肝这个中国的大病。知行合一，值得效仿。

——宋志平
中国企业改革与发展研究会会长、中国上市公司协会会长

　　人类文明薪火相传，与教育密不可分。犹太民族重视教育，举世皆知。明键选择到希伯来大学访学，以犹太教育为课题，终成呕心力作，实属难能可贵。犹太人家庭教育有什么独特之处？犹太的早期教育与后期创新是何关系？以教育为根本的宗教或被宗教影响了的教育究竟对犹太式的创新产生了怎样的影响？本书以独特视角做出了深入解读，将给读者以深刻启迪。

——王俊峰
中国律师协会原会长、金杜律师事务所全球主席

　　本书采访了各色各样的犹太人，堪称当代犹太人生活的"小百科全书"，而将这些犹太社会小切片串联起来的，是对于犹太创新根源从不间断的深入思考，绝对是一把打开犹太人创新之谜的钥匙。推荐大家一定要读一读。

——王石
清华大学万科公共卫生与健康学院名誉理事长

　　犹太人确实非常独特。小小的族群，却蕴含着极大的能量，极强的渗透力和延展力，金融、科技、哲学等最烧脑的领域无不是他们自由驰骋的疆场，而且无往而不胜。智商、精明、危机意识，都不足以揭示真谛。犹太人所向披靡的能力究竟是怎么形成的，确实值得探究。陈明键从探索教育观念、家庭伦理、思维方式、族群传统入手，试图揭开这样一个谜团，是非常有意义的尝试，也是很多人想去做，但往往又不知从何入手的一件事，但他却做到了，可谓奇人做奇事，常人共赏之。

——张克
中国会计师协会副会长、信永中和集团董事长、
信永中和会计师事务所创始合伙人

以色列是一个年轻而古老的国家，传统与现代交相辉映，宗教与世俗碰撞叠加，内政与外交深度互动。不管是历史文化层面还是现实政经层面，都是典型的小国家大角色。因此，介绍以色列并非易事。我与作者是在以色列相识的，他对以色列的历史、文化、社会等诸多方面都有着强烈的兴趣，并进行了热情的探索。希望他的新书能帮助读者更多地认识以色列，并为中国的教育改革提供参考。

——詹永新
中国驻以色列前大使

犹太人和以色列都是有待解开的谜。这个曾经居无定所、四处流浪、全世界总人口只有 3000 多万的民族，这个环境恶劣、四面楚歌、占地面积只有 2 万多平方公里的国家，为世界贡献了多少我们难以置信的伟大人物和顶尖发明创造？犹太人和以色列为什么能？本书从教育角度的探秘，无疑是值得关注和期待的。

——朱永新
国家全民阅读形象代言人、
民进中央副主席、新教育实验发起人

目 录

序一　为什么要去以色列？　宋志平　*01*
序二　创新和休息有什么关系？　王石　*07*

导言 深度学习系统是如何建构的？　*13*
　学习的目的是什么？　*16*
　聪明是因为基因吗？　*20*
　问题意识从何处来？　*24*
　餐桌如何成为深度学习的课桌？　*29*
　创新与军事斗争相关吗？　*32*
　如何构建"协同创新共同体"？　*35*

上篇　学习，也是一种信仰

01　两代诺奖得主家庭有成功密码吗？　*41*

受访者 / 罗杰·大卫·科恩伯格

　罗杰的高光时刻　*43*
　什么是犹太人学习的传统秘方？　*48*
　科学家有信仰吗？　*51*
　什么是终身学习的动力？　*51*

02 爱因斯坦是天才吗？ *55*

———————————————————— 受访者 / 哈诺赫·古特弗罗因德

王世洲

教授老爸 *57*

科学家很多，为什么唯独爱因斯坦那么火？ *61*

为什么爱因斯坦说自己是孤独旅行者？ *62*

为什么相对论在中国比在许多发达国家更早出版？ *65*

爱因斯坦是天才吗？ *66*

希伯来大学和清华北大比，谁更强？ *68*

03 学习是避难所吗？ *71*

———————————————————— 受访者 / 梅纳赫姆·本·萨松

学习传统是从哪里来的？ *73*

如何在反对中包容其他文化？ *79*

04 希腊与希伯来——谁是西方文明的根？ *83*

———————————————————— 受访者 / 亚历山德罗·莫迪亚诺

希腊文明与希伯来文明，谁影响了谁？ *85*

会堂如何影响学习？ *88*

某物可以是A或B，但能不能同时是A和B呢？ *89*

05 老人如何共同学习？ *93*

———————————————————— 受访者 / 大卫·利夫席茨

利奥尔·沙赫里

犹太老人为何从不停止学习？ *95*

哈斯卡拉运动像中国的五四运动一样迎来了科学艺术吗？ *96*

06 平行逻辑学习观如何引出争辩逻辑方法论？　　*101*

—— 受访者 / 张平

21世纪的"玄奘"　　*103*
律法如何影响学习观？　　*106*
有了《密释纳》为什么还要有《塔木德》？　　*109*
只有聪明人才能做好人吗？　　*111*

07 安息日与成人礼的功能是什么？　　*117*

—— 受访者 / 阿维·施罗德

安息日为什么要休息？　　*119*
安息日晚餐除了晚餐还有什么学习功能？　　*122*
成人礼是毕业典礼吗？　　*125*

08 多孩家庭该如何养育？　　*131*

—— 受访者 / 格洛丽亚·克莱默

妈妈生这么多孩子的动力是什么？　　*133*
这么多孩子怎么抚养？　　*135*
犹太父母会惩罚孩子吗？　　*140*
母亲在家庭教育中是什么角色？　　*141*

09 虎妈可以决定一切吗？　　*145*

—— 受访者 / 瓦洛里·埃德尔

母亲可以决定孩子的信仰吗？　　*147*
外婆为什么不该照看孙子？　　*150*

下篇 学校、社会与家庭教育

10 大学生为什么喜欢向教授提问? *157*

———— 受访者 / 诺姆·肖瓦尔

向教授提问,才能成为教授吗? *159*
教育发生了什么问题吗? *164*
历史上什么时代奠定了犹太人的学习观? *166*

11 创造力可以教吗? *171*

———— 受访者 / 梅姆·伯恩斯坦

灵活的正统派 *173*
可以教会听话的人如何有创造力吗? *174*
什么学习机构培养出了最高比例的精英? *176*

12 从战场上能学到什么? *179*

———— 受访者 / 约夫·阿蒂亚斯

新兵营最难忘的是什么? *181*
士兵可以质疑长官的命令吗? *188*
战争和创新有什么关系? *188*
希望女儿不必再参军 *189*

13 为什么让幼儿园孩子玩垃圾? *193*

———— 受访者 / "垃圾乐园"师生

应该让孩子经营大人的生活吗? *195*

为什么要让孩子玩危险的"真实世界"？　　200

孩子们从垃圾中学到了什么？　202

14　以色列有上山下乡吗？　　205

———————————— 受访者 / 亚当·维阿达玛农业高中师生

诞生于农业困境的新守望运动　207

半天劳动不耽误学习吗？　210

选择职业还是选择使命？　215

15　孩子可以从手术中学习什么？　　217

———————————— 受访者 / 埃德娜·平克霍夫

开在医院里的特别学校是如何把手术变成医疗游学的？　219

医院如何成为人文主义教育的舞台？　223

16　母亲自己也学习吗？　　227

———————————— 受访者 / 马坦犹太女子经学院师生

女性学校何时产生？　229

女性比男性更渴望学习吗？　232

看到母亲在学习，会给孩子带来什么？　234

母亲们聚集学习的意义是什么？　234

17　单亲家庭子女如何从幸存者思维中走出来？　　237

———————————— 受访者 / 舒姆利·宾

向新移民敞开的青年营　239

70分和100分哪个是最好的成绩？　　*242*

毕业就是说再见的时候吗？　　*244*

幸存者成为领导者的关键是什么？　　*245*

18　　**现代教育只是为流水线培养工人设计的吗？**　　*249*

　　　　　　　　　　　　　　　　　　受访者 / 嘉道理农业高中师生

现代学校教育与工业革命是什么关系？　　*251*

你在课堂提问吗？　　*252*

教育部如何管理和评价公立学校？　　*254*

后记　把学习还给学习　　*259*

序一

为什么要去以色列？

宋志平

中国企业改革与发展研究会会长

中国上市公司协会会长

去年仲夏时节，我前往以色列访问交流。

出发之前，很多人不理解，为什么要去以色列？以色列有什么值得我们学习的地方？

其实去以色列的想法由来已久，尽管这次去以色列签约了两个项目，但我真正的想法却是希望借这次机会，对以色列企业创新一探究竟，同时也希望能与以色列企业进行深度合作。

以色列对我们来说确实是谜一样的国家：贫瘠而狭小的土地，只有850万国民，却创造了经济发展的奇迹。无论在芯片技术、生物技术，还是国防和智能化等前沿技术，均走在了世界前列，尤其在年轻人创新创业方面更是让人刮目相看。

大家都在问，以色列是怎样做到的？为什么是以色列？这些问题也是在访问以色列之前，一直萦绕在我心头的问题。

我和明键相识于2003年，是将近20年的忘年交。明键当时正好在希伯来大学杜鲁门研究所做访问学者，所以访问以色列的第一站我就来到了历史悠久的希伯来大学，同时有幸参观了爱因斯坦博物馆。

在明键的安排下，希伯来大学前校长、物理学家哈诺赫·古特弗罗因德亲自在爱因斯坦博物馆接待了我们。爱因斯坦曾是德籍犹太人，也是希伯来大学的创办人之一。

走进爱因斯坦博物馆，我的第一感觉是走错了地方，因为校长带我们走进了一个大约只有 30 平方米、两边都是书柜的屋子。正在困惑间，老校长介绍了屋子里各种物品的来历，顿时让我们肃然起敬。

两边满满的藏书，全是爱因斯坦的私藏，其中不乏他的最爱，他将这些书连同阅读时常用的小书桌，全部捐献给了希伯来大学。

老校长小心翼翼地打开桌上的几个盒子，里面分别装着爱因斯坦的诺贝尔奖章、《相对论》最早的中国译者的照片、《相对论》民国时期的中文译著以及为我们这次来访精心找出来的爱因斯坦《相对论》手稿原件。

打开手稿，每一页的笔迹都一丝不苟，连涂改都是工工整整，让我们对大科学家认真的治学态度深有感触。

看到第 45 页，也就是手稿的最后一页，爱因斯坦推导出了相对论的公式，如此复杂的理论竟然只用了这几个简洁的公式来表达，真可谓大道至简，物理学的最高境界应该就是如此吧。

这样的治学境界是如何开拓的呢？爱因斯坦曾说："我自己并没有什么特别的，只是充满了一种好奇心而已。"牛顿则把自己形容成为在海滩上捡贝壳的一个小孩子。明键在以色列的所见所闻，也都在验证着这一点，或许这就是创新、开拓的精髓罢！

好奇心是科学创造路上的引路人，在教育中，不一定总让孩子们循规蹈矩、不越雷池，而是要充分鼓励他们的好奇心，这将有利于我们未来创新人才的培养。

索尔·辛格是著名的《创业的国度》(*Start-up Nation*)一书的作者，该书在中国翻译出版后也广受好评。这次到访以色列，辛格也专程和我见了面，进行了很融洽的交流。

我对辛格提出了我的问题。以色列所处的迦南，这片"流着奶和蜜的土地"其实大部分是贫瘠的荒漠，而且群敌环伺，地缘环境恶劣。这样的一个"弹丸小国"，如何能够崛起成为一个创新的国度？它的崛起能给我们带来哪些启示？新加坡和以色列都是没有什么自然资源的发达小国，但新加坡为何不是创新强国？犹太人的文化里是否已经存在创新的基因？

辛格说，确实，犹太人的创新与其独特的文化和历史是有相关性的，两千年的流浪史，让犹太人不能安于现状，需要不断寻找让现实变得更好的解决方案。学习对于犹太人很重要，犹太人是通过争论和质疑来学习的，包括对犹太人的经典，我们都常常在学习的过程中展开讨论。

不过，这样的特质适合创业，但对于把企业做大可能并不适合，10 个犹太人会有 12 种观点，太多的争论和质疑对把小公司做成大的公司往往是不利的。

对于中国和新加坡来说，文化上和以色列确实不同，但每个国家都有自己的强项和弱项，如果辩证地来看，有时候一个优点，在另一种情境中却是个缺点，反之亦然，所以不必改变自己的文化传统，可以扬长避短，更好地合作。

辛格的观点给了我很大启发。在我看来，以色列和中国的创新创业经济有很强的互补性。以色列人擅长于 Start up，但不善于把企业做大，当然这也和以色列的自然环境狭小及市场有限有关，而这正是中国的强项。两者如果能够结合起来，让以色列创新的种子进入中国这片有广阔市场和强有力制造业的沃土，应该也是一个好的选择，可以共创经济的又一个奇迹。

明键在以色列和诺奖得主化学家罗杰·科恩伯格一起创立了中以海德，致力于攻克乙肝的药物研发。借助以色列科学家的"最强大脑"攻克这个中国的大病。这种协同创新应该是"一带一路"集成创新的一次尝试。

走在耶路撒冷两千多年历史的石头小道上，我想了很多。中国和以色列有很多相似之处，都有上下五千年的历史文化，建国时间都在 70 年左右，都有着谦卑勤奋的特质，都重视储蓄、家族关系与子女教育。

另一方面，两国又有着巨大的不同和强烈的互补性。我们应该和他们加深合作，利用和发展他们的创意做大做强，在世界新技术浪潮的发展中，共创新的科技和经济奇迹。

和以色列一样，中华民族也是一个怀揣梦想的民族，我们今天面临着一个转型发展的时刻，我们也有不少忧患，但梦想、勇气、创新和永不放弃才能使我们浴火重生。最后，我想用西蒙·佩雷斯的诗句来作为结尾，也作为明键新书序的结尾：

（右页图）
宋志平先生观看爱因斯坦诺贝尔奖证书和《广义相对论》手稿第一页

你会如你的梦想一样年轻，

不会因岁月而老去……

序二

创新和休息有什么关系？

王石

清华大学万科公共卫生与健康学院名誉理事长

认识明键已经 10 多年了。这 10 多年里，中国也在国内外的风云激荡中继续砥砺前行，走向了更加广阔的舞台。与明键的相识与了解也是在这个阶段。我们有着相似的经历和认知。我们都深深地体认到：一部分中国人实现了财务自由，可是并没有获得精神的自由。而想要获得这个层面的自由，就必须在精神上、在文化上进行更深广的探询。

在哈佛的访学结束后，我对中西方文明的异同有了更深的理解与体悟，也就有了探寻西方文明源头的念头。所以，去以色列游学也就成了顺理成章的事情。

最初去以色列，是奔着学习创新去的，但是去了以后，给我冲击最大的是什么呢？不是创新，而是以色列人特别会休息。在耶路撒冷最繁华的大街上，每天晚上都会聚着下了班来唱歌跳舞弹琴的人。在特拉维夫的沙滩上，美女警察背着冲锋枪享受日光浴。在街头，可以看到下班后的军人背着冲锋枪，在街上拉小提琴卖艺表演。在以色列夜晚的大街小巷，充满了欢乐的氛围。

其中，对我冲击最大的还是以色列的传统节日——安息日。在以色列，安息日每7天一次，从周五下午日落开始到周六下午日落结束。

得益于在以色列生活的两年，我和以色列人在一起一共过了40多个安息日，而每和他们度过一个安息日，总能让我对这个充满创新力的民族产生新的认识。

在以色列，安息日犹太人是绝对不工作的。不工作到了什么程度？商店不开门，宾馆不营业。不能做饭。不是安息日不吃饭，而是安息日的饭要提前做好。有一次，有邻居来按门铃，我打开一看是个大胡子，他让我去他家一趟。我以为他邀请我过去过安息日，于是很高兴地去了。进去以后，他给我指了一下电饭煲。我才发现自己会错了意，他只是请我来帮忙启动电饭煲。

不能发名片。有一次，我带明键去一个大律师家里过安息日。明键很开心，见面的时候情不自禁递了张名片过去。我心里想，哎呀，忘了提前打招呼不能递名片。结果大律师犹豫了一下就接过来了。明键还在等对方的名片。这位律师就说："名片我会给你的，但不是今天。"

对以色列人来说，安息日是一场被提前计划好的放空。

2019年3月，受我的影响和推荐，明键放下了北京的事务，不远千里，负笈来以色列希伯来大学访学。如今两年过去，令我十分惊喜的是，明键竟然将访学的经历与思考整理成了这本书，书中有诺贝尔奖得主、保安队长、宗教学家、犹太教拉比、子孙满堂的老祖母、农业高中学生等各色各样的犹太人，堪称当代犹太人生活的"小百科全书"，而将这些犹太社会小切片串联起来的，是明键对于这个民族创新根源从不间断的深入思考。

如今，这本书付梓在即，我也十分欣慰，明键邀请我来为新书作序，自然义不容辞，原因有二：一是自己作为明键去以色列的"引路人"，看到如此成果，自觉没看错人；二是创业创新之路有多么艰难，但中国人依然自觉地为之努力，并保持着作为创业者的想象力，敢闯、不拘束，让我深感吾道不孤，也对中国未来必然出现伟大的企业充满信心。

就是这种沉浸在当地生活中点滴的体验和收获，或许才能帮助我们寻找到以色列人创新力的根源，也让我深深感到两年的以色列访学不虚此行。

以色列与中国也有许多类似的地方，勤劳肯干、务实认真、重视家庭、重视关系，但为什么以色列和中国在创新方面却有着如此不同的表现，是什么原因造成了这样的结果？

这本书就是一把打开犹太人创新之谜的钥匙。

明键把犹太学习分为三个部分：家庭学习、学校学习及社会学习。而犹太文明最大的特点就是以信仰为宗。至于犹太人的价值观和犹太式学习是如何一起推动创新的，推荐大家一定去读读明键的这本新书。

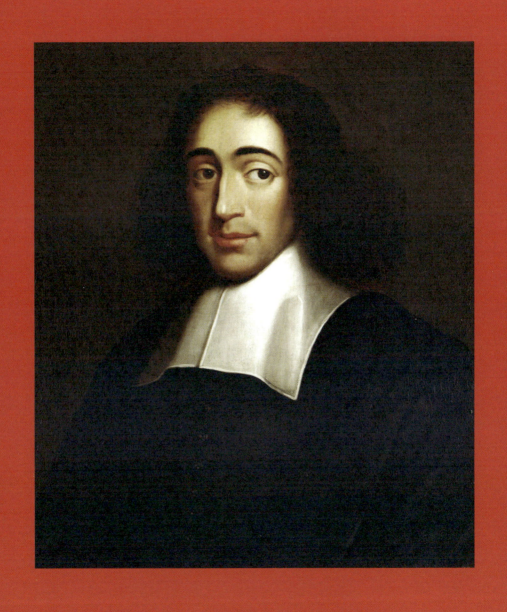

对于涉及人类事物的东西，不要笑，不要哭，不要生气，要理解。

——斯宾诺莎

陈明键先生在以色列

导言

深度学习系统是如何建构的？

陈明键

希腊文明求真，东方文明求道，
犹太文明以求真的方式求道。

——特拉维大学终身教授　张平

有一位 17 世纪的哲学家，马克思认为他是近代哲学史上辩证法的卓越代表，他被黑格尔推崇为哲学的最高荣誉，黑格尔说"他是哲学的重点，不了解他的主义就不是哲学"，他就是被誉为"马克思主义唯一祖先"的哲学家斯宾诺莎。斯宾诺莎在其《伦理学》这部著作里，以惊人的抽象能力，仅从给出的六个定义和七个公理，顺理成章地推出"神"与"自然"的一致性，将上帝去人格化，将其实体化为整个宇宙，这个演绎论证的结果在逻辑上非常可靠。

从轴心时代开始，东西方两大文明分别从拼音字母和象形文字两条道路，开始了各自独特的旅程，形成了各自独特的认知规律。古希腊文明的苏格拉底、柏拉图、亚里士多德"哲学三杰"启用"逻格斯"（逻辑），毕达哥拉斯学派的数学加入后，希腊文明就正式走上科学崇拜的道路，学习的方式就是基于逻辑的"领会"。以古代中国为代表的东方神秘主义引《易经》为源头活水，老子在三千年前提出了"道"，玄之又玄给出结论："人法地，地法天，天法道，道法自然。"而且明确"道可道非常道"，拒绝任何逻辑推理，学圣贤之道靠的是"领悟"。如果我们用东方的"道"来替换其中"神"的概念，斯宾诺莎的《伦理学》证明了"道"与"自然"的一致性。哲学史上，第一次有人用欧几里得式的推理证明了"道法自然"，完全用西方的逻辑来拆解老子、孔子。

斯宾诺莎的父亲是荷兰人，作为当地犹太人的会长和犹太学校校长，斯宾诺莎从小受到经典的犹太式的认知训练，长大后如老子般无欲的斯宾诺莎，完成了一次东西方文明的交汇，以科学解玄学，以西方逻辑论证东方之道。一个犹太哲学家以一己之力完成了这项东西方文明融合的巨大工程。无独有偶，两个多世纪后，另一位犹太科学家爱因斯坦两个肩膀扛着一个脑袋，仅通过独立的抽象的思想活动发现了相对论，完成了物理学的革命。

两位犹太人，一位哲学家，一位科学家，他们的创造性思维的养成与犹太学习方式有什么必然的联系吗？

自 20 世纪 80 年代起，"学习"这一古老的行为也成为研究的对象，"学习科学"（Learning Sciences，LS）成为一门新兴的学科，它关注认知在自然状态和被精心设计的状态下如何发生，同时跳出认知自身，将社会、文化环境纳入认知建构体系。建构主义（Constructionism）学习逐步取代教授主义（Instructionism）学习，成为全球性潮流。

犹太民族作为这颗星球上耀眼的学习模范生是如何在历史长河中构建独特的认知象牙塔的呢？2019 年 3 月，我选择来到耶路撒冷，来到希伯来大学做访问学者，尝试用学习科学（LS）的研究方法去探索犹太学习模式。

当我有机会沉浸在犹太社会的日常生活气氛里，本着"破万卷书、交万人友、行万里路"这三大原则，在以色列当地，我结识了很多犹太学者、教育家，到访过许多犹太家庭，并由此深入他们的生活。其间，我访问了近百名各界人士，其中有两位诺奖获得者，有国会议员、两位大学校长、两位中小学校长、幼儿园园长，还有总理发言人，也有国防军女将军和老兵；希腊和希伯来是西方文明之根，为了对比不同角度，我还找到一位横跨希腊与希伯来文明的希腊政治家兼教授，他的父亲就是雅典当地的犹太人领袖，他本人曾经出任过雅典市市长。

经过一年多的访学，我初步了解了一个犹太学习的模型：犹太学习不是个体犹太人的学习，而是在犹太社会文化精心设计的状态下的认知过程，并在此认知的基础上初步构建了犹太早期教育与后期创新的关系之"3N"模型：innovation，religion，education，也就是创新、信仰和学

习的三角关系。从全球范围来说，关于学习和创新的关系是二元论，其中学习引导了创新。我觉得在以色列，这一关系的不同在于"三元和合"。犹太传统文化对学习去功利化的坚定信仰，犹太信仰求真的学习态度，以及最为重要的，犹太信仰教育里所富含的论辩精神创造的深度学习和群体情境，浸润了犹太家庭、学校和社会各个层面，孕育出犹太人独特的创新精神。

学习的目的是什么？

这项研究首先发现学习的非功利性构筑了犹太学习象牙塔的底座。犹太人学习的目的性与我们有很大不同，他们学习的目的是为了学习，而不是考分，甚至不是知识。

学习的终极目的是什么？或者说，学习可以无目的吗？

学习是为了获得知识吗？与罗素先生合著《数学原理》的教育家阿尔弗雷德·怀特海指出："一个人如果只拥有广博的知识，那他就是世上最无用、最无聊的存在了。"

学习是为了改变个人和国家的命运吗？中国在人类历史上出现了最早的科举制度，社会底层人士第一次拥有了依靠学习这一技能而实现阶层跃迁的机会，"学而优则仕"赋予了学习强大的功利性。对于近现代中国的知识分子来说，因为国家落后挨打，学习成了学习者振兴中华的爱国方式。

如果说硅谷就是当代西方文明的科技之果，那么这棵树的根在哪儿呢？很多人说西方文明的根源有两个：一个在希腊，一个在希伯来（犹太民族的古称）。其中，希腊文明代表了科学精神，而希伯来文明代表了律法精神。犹太律法的学习观认为学习的目的不可着眼于功名利禄，甚至报效父母祖国都是着相，学习的目的就只能是学习本身，这样才能获得智慧。一言以蔽之，应天所住而生其心。

犹太人常引以为荣的"为学习而学习"，有两千多年的悠久历史。公元 70 年发生了一件大事，耶路撒冷的犹太人被罗马军队驱逐。当时出现了一个非常重要的拉比，叫约翰兰·本·撒该（Yohanan Ben Zakkai），他从罗马皇帝（当时还是罗马军队统帅）韦斯帕先那里获得了一项许可，在以色列的亚内夫建立了一所全日制的学校，并提出一条戒律，即每一个犹太父亲，当他的儿子处于 6~7 岁的年龄阶段就要送到全日制的学校去读书，如果他的父亲不这么做，就没有资格成为一个犹太人。在公元 70 年的时候，整个世界都处于农业社会阶段，六七岁的男孩已经算得上家庭劳动力的一分子了，可以帮着家里放牛、放羊，让孩子去一个全日制的学校读书应该说是一件很不经济的事。也正是因为这样一条戒律，当时绝大多数的犹太人选择其他的信仰，这个过程大概经历了 500 年。在这 500 年左右时间里，犹太人从 550 万人降低到了 150 万人。就是从公元 70 年开始，学习自此变成了犹太文明中一个很重要的规定，也就是说，凡是对学习不重视的人都不能做犹太人，饿死了都要让孩子去读书。因此，学习成了一把筛子，留下来的都是坚信学习是神圣的。因此，在公元 550 年筛选出来的 150 万犹太人都称得上是对非功利学习的坚定信仰者。

耶路撒冷老城

表观遗传学之父海姆·锡达尔

聪明是因为基因吗?

中国人普遍认为犹太人要么很聪明，要么很有钱。由于一些畅销书的误导，甚至绝大部分的知识分子都相信美国乃至世界都控制在犹太人手中。

曾有一个很著名的段子说，这个世界就是由五个犹太人规定的：第一个是摩西，他说世界一切都是律法的；第二个是耶稣，他说世界一切都是罪恶的；第三个是马克思，他说世界一切都是资本的；第四个是弗洛伊德，他说世界一切都是性的；最后是爱因斯坦，他说一切都是相对的。

我曾经对一种叫做"Novelty-Seek"的创新基因非常感兴趣。这个基因是一种突变的 DRD4 基因。有研究显示，如果它在第 7 号和第 2 号（等位基因）上发生了突变，人就会产生强烈的求新求变欲。DRD4 基因的突变会使人的大脑对多巴胺不敏感，所以发生这一突变的人在正常生活中会很难感受到快感，他一定要去冒险、探索、奔向诗和远方，这样才能感觉到幸福。

基于这一理论，我们发现走得最远的人类是南美洲人，他们在各个人种中 DRD4 基因突变的概率最大。起初，我猜测可能犹太人有这种基因，天生就是游牧式的自由基因，但找不到任何证据可以证明这样的假设。我也曾考虑是不是表观遗传的原因，因为表观遗传作为一种新的学说，正好最早发现并提出这个理论的就是希伯来大学的教授海姆·锡达尔（Haim Cedar），于是我专门去找他请教了这个问题。

什么叫表观遗传？这样的"遗传"并非先天性的，而是后天生活环境和教育对人的基因的影响。我问海姆教授，"是不是这种表观遗传也会遗传"？他说"当精子和卵子一旦结合成为受精卵以后，来自父母双方的这些表观遗传信息就会全部消失"。因此，他认为犹太人创新思维的来源很可能不是遗传，而应该是学习，因为学习是比 DNA 或者表观遗传都更加高效的一种方式。

应该说，中国改革开放以来 40 年发展奇迹的根基在制造业，Made In China 的奇迹是因为有一代高素质低成本的劳动者，其中，中国式学习的功劳首屈一指。中国式学习的"教授主义"理念注重题海战术，要求背诵知识，要求记忆程序，培养了每一个学生应知应会的能力，这样在做基础工种时效率就很高，比如生产线上的工人，一个指令下去，十万部手机造出来了。如果是以色列工厂，一条生产线有一万人，车间主任说这么干，可能有九千个人举

与王石先生一起划船

手，会问为什么要这么干或为什么不能那么干，生产线就没法开起来。所以，在以色列你很少会看到有大公司，尤其是制造业大工厂。中国今天为什么会有这么大的成本优势？就是中国学生在基础知识上的应知应会非常强，有时候你走出国门反而能看到我们自己教育的优势。我们不鼓励学生提问，因为课堂提问太多，教学进度就没法保证了。确实，培养的"爱因斯坦"少一点，但是也保证了绝大多数人普遍地应知应会。

在教育的模式上，犹太式学习是非常典型的"建构主义"，通过提问和辩论，构建深度学习的情景，不允许独立学习，注重外化与表达，从而激发心智成长。以色列不重视背诵，不注重题海战术，教育非常宽松。孩子们没有什么作业，也没有排名，我回国后的第一天到一个小卖部去买东西，妈妈在那儿盯着儿子在拼音本上抄拼音，我问每个拼音要抄多少遍？她跟我说一百遍。这种机械训练在以色列的学习里是没有的，给最天才的孩子留下了思考的空间，但同时也放任了对绝大多数孩子的这种基本技能的训练。所以，以色列学习模式最大的隐忧是，这种犹太提问式教育造就了"爱因斯坦"的同时，也耽误了不少人。提问式的教育忽视了学生的应知应会，这也造成了以色列今天普通劳动者的素质不如中国。你在以色列的体会就是，高科技高，低科技低，如网速慢、建设慢、服务差。有一项调查显示，在79个 OECD 国家中，以色列 PISA"评鉴学童学习能力"的排名非常靠后，目前数学与科学排第 41 名，阅读排第 34 名，这个排名和它在全球创新能力方面的排名相比，实在相差巨大，原因就是建构主义学习带来的两极分化。我的好朋友约夫·阿蒂亚斯（Yoav Attias）是希伯来大学的首席安全官（相当于保安队长）。他曾说道："我们以色列这么一个创新国度，从事创新的行业人口其实也不到 1%，但是如果我们全民都有批判的思维，都长于争辩，活就没法干了。我跟手下的保安说，拉开门一个简单动作，一个保安马上就会提问，为什么不能装个摄像头让这个门自动开，另外一个保安会问为什么不能推开，每天都要面对这样的争论。我就想直接了当告诉他们，按我说的做，别跟我废话了。"可是，他每天下午都头疼，到我那儿喝啤酒，抱怨他和领导意见不一样。我就跟他说："你老是抱怨手下不听话，你也不听你领导的话。"他于是苦笑着说："我们犹太人脑子都进水了。"是像我们中国的这种多出人才、快出人才教授主义式的学习模式更好，还是以色列这种鼓励提问、鼓励争辩的建构主义模式更好？我们不禁会思考这样的问题：没有作业负担、没有校外补习，构建协作与对话的学习环境，鼓励提问与辩论，中国能不能向犹太人那样，诺贝尔奖得主辈出？在今日国际竞争的新格局中，创新取代制造成为国家战略竞争的焦点，中国已经把创新提高到国家战略高度。"文章合为时而著"，今日中国式学习转型升级之大目标是培养社会主义新时代的创新者。为了养育一代创新者，他山之石，应以为鉴。

问题意识从何处来？

只疑不悟。

没有质疑，就不值得相信；没有提问，就谈不上创新。犹太的学校有一个非常大的特点，就是非常注重孩子的提问。爱因斯坦曾说，提出一个问题比解决一个问题更重要。周其仁先生从以色列访问回来后给我们讲过一个故事，一个犹太学生的妈妈，孩子放学回家，她问的问题就是"你今天提了什么好问题"。这个孩子就是后来获得了诺贝尔奖的赫伯特·布朗。

在我们中国教室的课堂上，每个人都坐得规规矩矩、老老实实的。当你去过犹太学校，会发现在犹太的学校课堂里，无论小学还是中学都是混乱一片，简直毫无纪律。但这就是犹太学校教育的一个特色：鼓励学生向老师提问，甚至胡乱提问，不停提问。

　　我在上高中的时候，也很喜欢提问。但是当我第三次举手的时候，老师就有意见了：你别再提问了，总是你一个人提问，你学得更好了，可我们班上还有 70 个同学怎么办？就这个问题我和当地犹太学校的校长一同探讨，学生不断提问教学进度怎么保证呢？校长说："我们宁可耽误教学进度，也要让孩子能够提问。"当然，他们的课堂比我们小得多，一个班只有 20 多人，即使 20 人每个人都提问，一堂课 45 分钟很快就过去了，可他们宁可牺牲教学的进度，也要保证每个孩子来提出他们的问题。此外，学生提问是要胆量的，以色列老师从小鼓励孩子的一种精神，就叫胡兹帕精神。胡兹帕精神是什么呢？有各种各样的翻译，胡兹帕精神说得好听点就是百折不挠，不达目的誓不罢休；说不好听就是胆大脸皮厚。这个是犹太人非常重要的一个特点，在他们童年时代就受到了极大的鼓励，从小就培养孩子们这种百折不挠的精神，当他们要达到一个目的的时候，他们总是反复不断地争取。我去过两所小学，我就发现那些孩子们无所顾忌地围着我闹，我充分体验到了胡兹帕精神。以色列更多鼓励孩子胡兹帕，中国更注重鼓励孩子听话。

　　这种不屈不挠的质疑、提问精神，应该也与犹太传统信仰的方式有很大关联。实践信仰有两种方式：一种是坚信的方式，一种是求智的方式。而犹太文明里最重要的也是最可贵的是对权威观点的质疑与挑战。这里面最重要的一个故事就是"蛇炉之辩"。

　　从公元前 2 世纪到圣殿被毁期间，犹太社会发生了非常大的变化，从先知时代走向了拉比时代。一群人争论拿小

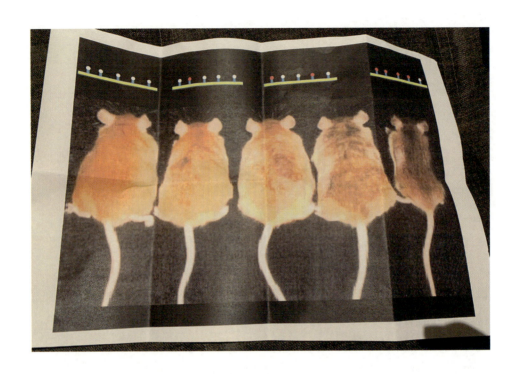

表观遗传学实验的老鼠

碎瓦片砌的炉子是否洁净，会不会因为煮了不洁净的东西导致里面就不洁净，其中有一个叫以利以谢的律法权威，他说一不二，但在"蛇炉之辩"中大家都不买他的账。他认为关于这个问题就不用争了，听他的就好，他就代表律法。但有人质问，凭什么他代表律法。以利以谢说，如果大家不信，就让门口豆角树飞起来证明他是对的，果然豆角树就飞起来了，其他人说飞起来也不代表你说的是真理。以利以谢又说，如果他说的是真理，就让门口那条河倒流，说完河就倒流了，可又有人说河倒流也不能说明你说的话是对的。以利以谢说："如果我说的是真理，现在我们辩论所靠的墙壁就会倒塌。"眼看着墙就要倒下来，这时候，有个叫约书亚的拉比就说："停！我们的辩论关墙什么事？"于是墙就停了，斜在那不动了。以利以谢一看不行，得拿出杀手锏来，于是他搬出上帝，问上帝自己说的是不是真理？上帝的声音传来：对，以利以谢就代表着我的律法！这时，众拉比说："当年您在西奈山与我们定约的时候，就给了我们真理，我们一切都依据约定来。您在约定里面说了，当有争议的时候少数服从多数。"上帝听到了他们的辩论觉得太有意思了："我的孩子们把我说服了，我的孩子们用我的律法打败了我。"

以色列特拉维夫大学的张平教授，曾经针对犹太经学教育的这种协作式辩论特点，提出过一个著名的说法，叫平行逻辑。可以在同一时间、同一地点认为正面和反面都是真理。认知的进步不是靠记忆背诵，而是依靠辩论，具有不同观点，但是有共同价值观的学习者之间的协作辩论。辩论的目的不是占上风，不是取得辩论赛的冠军，而是促进深度学习。有个特别著名的笑话说，两个人来找一个拉比打官司，甲说乙如何不好，拉比说他是对的；然后乙说甲怎么不好，拉比说他也是对的。等他们俩都走了以后，拉比的儿子问父亲："两个人说的都不一样，你怎么能说他们都是对的呢？"拉比说："儿子你是对的。"这就是一种平行的逻辑，这种逻辑其实就打开了一个并行不悖的空间。我们禅宗有句话：没有疑团就没有公案。当你有质疑的时候，当你有挑战的时候，当你没有一个绝对真理的时候，就打开了创新的空间。创新从提问开始，你能对现有的东西提出问题、提出质疑，这才是创新的起点。

犹太信仰学习的是什么？他们把律法本身作为学习对

象，在犹太文明里面还有一部分是口传律法，就是我们后面要说的《密释纳》，它就是不同时代的杰出拉比分别对犹太律法做出的解释。这些不同的见解和争论就变成了《密释纳》，关于对《密释纳》里面争论的争论就是《革马拉》，《革马拉》加上《密释纳》就是《塔木德》，而《塔木德》成了犹太律法教育的经典。《塔木德》一共 2711 页，每天读一页，为什么只读一页？因为深度学习思维强度太大，有时读三行就开始头疼。《塔木德》是禁止单独学习的，一定要有一个搭档，这个搭档既是表达对象，也是辩论对手。维果茨基（Lev Vygotsky）作为学习科学的理论奠基人，认为知识都始于社会交互，然后被学习者内化的。今天学习科学家都同意，学生间的协作和讨论很关键，发声思维比一个人寒窗苦读的学习更深刻、更高效。

禅宗也有辩论，但更多靠的是领悟。中国的很多禅宗高僧是顿悟的，就像六祖慧能，在厨房里帮工打下手，他也可以当下觉悟；犹太教的大拉比却都是《塔木德》一页一页辩论出来的，但也正是《塔木德》这种严谨的逻辑训练，使得犹太人具备了几千年下来形成的一种逻辑思维、质疑思维的传统，内化成了犹太人生活的准则。

18 世纪，在犹太教内部有一个著名的运动，叫哈斯卡拉运动，即犹太教的启蒙运动。运动旨在吸收启蒙运动的价值，推动社群更好地整合进入欧洲社会并借此增加世俗内容、希伯来语和犹太历史教育。

《拿破仑法典》提出人人平等原则，即所有法国国民，首先是法国人，其次是犹太人、基督徒、犹太教徒等，都是平等的。这股人人平等的风气吹到了德国、匈牙利，然后就产生了哈斯卡拉运动，相当于让犹太人可以自由地走出他们生活的小圈子——"Getto"（隔都）。这个时候这些人打开了自己，他们从单纯的犹太社区走出来上大学。犹太学习的辩论、挑战和质疑的教学方法被他们用到了科学上，变成了"爱因斯坦"；用在了艺术上变成了"门德尔松"；用到了政治上变成了"托洛茨基"。他们几千年的训练和思维模式使得他们拥有了一门"大炮"，原来这门炮就是专门对着律法学习，现在开始朝向艺术、科学和政治，在各个领域四处开花。

餐桌如何成为深度学习的课桌？

心空下来，创造力才真正涌现出来。

犹太节日晚餐是一场场放空后精心设计的互动式家庭学习，学习种类研究发现这种非正式的学习环境是有效学习更可能发生的场景。首先，全世界哪个家庭不重视教育？可怜天下父母心，教育几乎每个民族都重视，只是犹太人更重视家庭学习。那犹太家庭学习有什么特色呢？如果你细微地观察，就会发现，犹太的家庭学习和中国的家庭学习有很大的不同，这和犹太人的节日传统有很大联系。

今天的以色列虽然多数家庭不再信教，但是节日传统依然影响着这些家庭。他们的"逾越节"晚餐就专门全家共读《逾越节传奇》故事，讨论犹太人怎样出埃及。显然，这样的共同学习对小孩子来说就是最生动的学习。

我们着重讨论一下犹太节日里最根本的安息日。对犹太人来说，安息日是神圣的，其中最为重要的又是安息日的晚餐。我和王石先生曾一同去海法理工大学阿维教授家过安息日，这一天每个人都穿上最漂亮的衣服，去教堂做安息日的祷告。晚饭前爸爸亲吻每一个孩子并一一祝福他们。然后洗手、吃面包，晚餐正式开始。整个晚上吃喝和祈祷大概占 20%，剩下 80% 的时间主要是学习讨论。学习讨论什么东西？这个很有意思，全世界的犹太人都遵守一个进度，一本《妥拉》分成 52 个部分，每周讨论一个部分，比如新年后的第一个安息日就是讨论《创世记》，全世界的犹太人都学习《创世记》。若今天讨论"雅各牧羊"，全世界的犹太人，不管你在非洲、在美国，都是讨论这一个章节，全球同步，同频共振。

餐桌上的讨论一般是由父亲来主导，他负责给大家提出问题。比如那一天我们在吃饭的时候讨论的正是《创世记》，作为教授的父亲就问为什么上帝先创造鱼，然后是鸟，然后是爬行动物，然后是哺乳动物，最后才创造人？为什么不是反过来呢，先创造人，再创造哺乳动物，再是爬行动物，再创造鸟，再创造鱼？家里每个孩子都要发言举手，5 岁的孩子也举手，不让他发言还生气。最后，父亲说他刚刚开了个科学大会，会议期间参观了自然博物馆，突然发现达尔文的进化论就是这个顺序，就是先从鱼到鸟，到爬行动物，到哺乳动物，再到人。这说明什么呢？达尔文发现了上帝创造物种的轨迹，这是巧合吗？一晚上就讨论这个问题。由此你可以知道，犹太人是抱着一种科学求真的态度来实践信仰的。安息日祈祷、仪轨的部分只占很小部分，大多数的时间都是在研究律法，不是研究信不信，而是研究科学性、逻辑性。整个安息日晚餐活动，父亲相当于一个主持人，负责组织调度这个家庭的 party。在所有犹太人家庭里，父亲都不是一个决断者，而是讨论的参与者和组织者。他看上去是给了一个回答，比如说，进化论印合了上帝的创造次序，但是他也没有说这就是结论。他只是说："我去参加一个科学的会议，我突然想到了这个。"这是一种启发和引导。如果在餐桌上出现一个绝对权威，大家就没有办法把讨论继续下去了。所以你会发现，在安息日晚餐上，当人多的时候，父亲根本就按不住孩子们，他们总是互相打断，虽然场面显得乱哄哄的，但讨论却是渐渐深入的。

前面提到过的"表观遗传学之父"、以色列国宝级老教授海姆·锡达尔，有一次也请我们去吃安息日晚餐，孙儿孙女一大家。那周安息日晚餐讨论的是雅各牧羊，雅各是亚伯拉罕的孙子，是以撒的儿子。雅各给他舅舅放羊，但舅舅老克扣他工钱。雅各就和舅舅商量，说以后羊群里面纯色的都归舅舅，无论黑的还是白的，但是有花斑、有点的就是他的。他舅舅想这傻孩子，带花斑的没有几个，于是就答应了。而雅各每当肥壮的羊在交配期时，就在河边插上一些树枝柳条，这些羊生下来就会带花斑、带点。然后这些羊再往下生，又都是带花斑、带点的；那些瘦弱的羊交配的时候他不插柳条棍，它们就没有花斑花点。最后，雅各的羊又肥又壮，他舅舅的羊都又瘦又弱，雅各就发财了。

讲这个故事的时候，教授出示了一张他做实验的图，4只老鼠颜色不一，但它们都是同一个妈妈，同样的基因。这是为什么？因为他选相同基因的老鼠喂它们不同颜色的食物，喂浅色食物的老鼠的后代颜色变浅了，喂深色食物的老鼠后代颜色变深。教授说，食物颜色改变的遗传就是表观遗传，DNA是先天的遗传，表观遗传就是后天的遗传，不是

DNA 带来的遗传。教授就这样，给儿孙们通过讲表观遗传学来解释雅各牧羊的故事。

安息日制度给犹太人创造了最重要的群体学习、独立思考协作创新的空间。自我发展才是有价值的智力开发，而这一过程主要发生在 16 岁到 30 岁之间，中国孩子无论在学校和家庭都被教授了过量的"惰性观点——不经过质疑、辩论便接受的知识"。背诵和记忆只是浅表学习，经过质疑和讨论才能成为深度学习。

我们中国能不能把安息日制度从以色列进口过来？不过安息日，无法让所有人每周都同频同步，像过年一样都休息，不加班，不做别的，群体安息。但我觉得至少有一条中国家庭可以借鉴，安息日晚餐的核心就是和孩子的讨论与启发教育，我觉得至少可以去尝试一下，搞这样的家庭 party，提出一个问题，由全家大小来讨论。题目往往是有争议性的，比如，好人为什么也会有厄运呢？为什么会发生那么苦难的大屠杀呢？也可以一起讨论美国的大选，或可以找到近期生活中发生的一些事情，跟孩子们一起讨论，形成一种习惯。这样，留出更多时间是不是可以培养孩子们的阅读、讨论、质疑和思考的习惯呢？可能一开始孩子无话可说，时间长了智力就会被引导激发出来。

创新与军事斗争相关吗？

本书中介绍了垃圾乐园、手术室外的学校等各式各样的特色学习。但以色列这方面最大的特色就是军事学习。以色列的胡兹帕精神让学生在课堂上为所欲为无法无天，但是

当他们高中毕业的时候,每一个学生,无论男女,下一堂课在哪里上? 在战场上。全世界有很多国家和地区是义务兵役制的,比如韩国、新加坡、中国台湾,但是女性也要服兵役的只有以色列。女孩可能很少在战斗部队,可能是在医疗单位、通信单位,但是女孩也一样要扛枪,接受一年多的军事训练。

　　战场变成了课堂,每一个以色列高中生的第一所大学,实际上就是军队。战场上没有什么玩闹嬉笑,这时候的胡兹帕精神,不是闹哄哄,而是荷枪实弹真正无畏地去战斗。有两位希伯来大学的教授就曾说道,以色列有这么多杰出的科

在耶路撒冷老城巡逻的战士

学家，根本原因就是服兵役。服兵役是犹太杰出科学家成长的一个非常重要的秘方。一个十七八岁的孩子，扔到沙漠里，扔到战场上，这个时候不但要保住生命，还要打胜仗，那种考验是用鲜血和生命在答卷子，这和之前学校的那种宽松自由的状态正好形成了强烈的反差和对比。好钢要靠火里炼水里淬。我们可以想象一下，一个学生一开始在学校里无拘无束，后来到了战场上出生入死，经历真枪实弹的战争洗礼，这样的人再进了大学，还有什么能挡得住他？

　　但服兵役又与之前在学校宽松自由的提问争辩状态怎么统一起来呢？我特意访问了以色列历史上第一位女将军阿米拉·多坦（Amira Dotan）。我问她，人人提问题，到战场上怎么办？她说，孩子们到战场上都乖着呢，因为生死存亡性命攸关。以色列国防军有一个很好的习惯，就是上级指挥官给下级指挥官很大的授权。攻占一个山头的时候，他的上级并不给他具体的战斗方案，你要自己去搞定。有一次，一枚地对空导弹向以色列打过来，以色列用反导弹系统一次就把它打下来了。按这个钮的人是一名女上尉，她的上级就在她楼上，她都没有去请示一下，直接按了电钮。为什么呢？因为以色列国土纵深狭小，最窄的地方 55 公里，最宽的 100 多公里，跑到楼上报告这一会儿工夫，早就被打穿了。在以色列国防军体系下，一级给一级更大的授权和灵活度，所以这也是我们刚才说的为什么战场也是课堂，他们在这个课堂上有更大的主动权。以色列国防军这么几十年一直打胜仗，也是在授权和指挥这两种文化中不断地磨合。

　　创新是被生存逼出来的，创新也是被战争逼出来的。以色列的创新动力为何如此强？从 1948 年建国以后，以色

列越打越强，靠的是什么？就是靠生死存亡倒逼出来的创新能力。但创新的根本又在于哪里？近年来，中东和平步伐加快，和平来之不易，靠的是什么？深度学习可能是一个根本。

中国和以色列科学家就攻克乙肝举行的头脑风暴会议

如何构建"协同创新共同体"？

中以两个历史悠久的国家在不同学习模式下培养出来的两类人才，恰好使我们未来有非常大的合作空间。今天中国有 14 亿的人口规模，人口红利早已过去，目前对我们来

作者在耶路撒冷老城城墙上

说最重要的是，老龄化趋势明显，能不能有创新红利？我们在创新方面能不能找到一个低成本可借鉴的学习模式，可不可以有一个最佳合作的伙伴？如果有，那以色列或许应该首屈一指。

产业合作是资产与资产合作，创新是人与人合作。在产业合作上我国与欧美日先合作后借鉴，大有从"抄"到"超"之势。创新是与头脑的合作，今天的重大技术创新越来越带有全球协作的特征，几乎没有一项重大技术创新是在一个国家内完全独立完成的。

如果说犹太科学家擅长从 0 到 1 的这种奇思妙想的革

命性突破，那么中国科学家就擅长把这种 1 的突破在实验室里做到 10，中国企业家擅长把 10 做到 100。如何把犹太科学家的这种"think out of box"（突围式）的能力和中国科学家的"work hard in the laboratory"（努力型）的能力结合在一起？这就是堪称完美的"0—1—100"的全球协作创新模式。

比如我国的乙肝问题。目前，在中国有 1 亿乙肝病毒携带患者，其中有 3000 万是急性患者，这些病发展到后期往往十分可怕，可能会转变为肝硬化甚至肝癌，未来 10 年大概会有 1000 万人死于乙肝引发的这些肝硬化和肝癌。但是由于这个病是一个中国特色病，在西方是罕见病，所以西方大公司针对此病的精力和财力投入不足，没有人去研究乙肝的治愈。中国人如何发明一个治愈乙肝的新药？借用以色列的最强大脑，借鉴犹太科学家的奇思妙想，也许就能发现一种新药，治愈中国 1 亿乙肝患者。

一个民族能不能产生创新者，我想关键要看有没有那样的土壤。很幸运的是，我们这一代人正是生活在社会主义新时代，创新成为国策，唯高考分数马首是瞻、死记硬背、题海战术的学习模式受到挑战。全球化带来东西方文明交流，我们正可以借鉴犹太非功利性、深度学习、群体情境的学习模式，为学习而学习，让学习本身就是生活，让学习成为一种信仰。为孩子们留出阅读和思考的时间，为学生留出中国式提问的宽松空间，社会、学校与家庭用一种新教育模式，养育一批新时代的创新者，产生一批中国的"爱因斯坦"。

01 Roger David Korr
02 Hanoch Gutfrued
03 Menachem Ben–
04 Alexandros M. M
05 David Lifschifz
06 Zhang Ping
07 Avi Schroeder
08 Gloria Krammer
09 Valerie Adle

erg

sson

iano

学习，也是一种信仰

罗杰·大卫·科恩伯格

（Roger David Kornberg）

斯坦福大学与希伯来大学结构生物学教授。11岁时和全家来到瑞典，参加父亲亚瑟·科恩伯格（Arthur Kornberg）的诺贝尔奖颁奖礼。虽未立志像父亲一样，有朝一日也能登上这个领奖台，但他还是选择做了自己真正感兴趣的事，并最终因其对「真核转录的分子基础所做的研究」而荣获2006年诺贝尔化学奖，在59岁时再次来到瑞典皇家科学院。

Roger Dav

两代诺奖得主家庭
有成功密码吗？

受访者 / 罗杰·大卫·科恩伯格

l Kornberg

犹太家庭最令人震惊的就是提问的习惯。提问题是心智独立的表现，可能是继承自父母，也可能是从小父母培养的。面对世界、挑战权威、提出问题，力图寻找自己的答案，这可能就是犹太人在科学上成功的原因。他们总是希望再往前走一步，因而经常去挑战，挑战你现在相信的所有教科书。

——罗杰·大卫·科恩伯格

罗杰的高光时刻

2020年10月29日，是罗杰·科恩伯格（Roger Kornberg）的高光时刻。

世界顶尖科学家论坛在上海举行，44位诺贝尔获奖者与会。要知道全球在世的诺奖得主有300余位，其中15%得主同一时间出现在会场，这完全归功于一个人——本次论坛主席罗杰·科恩伯格。2019年4月，正逢逾越节假期（犹太传统节日），罗杰迎来72岁生日，我在生日晚宴前对他进行了一个小时的采访，他说活着的诺奖得主中他认识100人左右，我当时还觉得他有点言过其实了，可是后来我真被这44位顶尖科学大佬的出现说服了。全球疫情之中，不远万里来到上海，还要经历14天隔离，不是真朋友还真请不来。罗杰2006年在斯德哥尔摩领取小金人的那天，也没有这么多大咖来捧场吧。

罗杰与我是忘年交，2012年我在斯坦福大学访学，罗杰在斯坦福大学做教授；2019年我来希伯来大学访学，罗杰也叶落归根，回耶路撒冷养老，真是有缘。于是，罗杰成为我在犹太早期教育课题研究中第一个采访对象，他也是第一

罗杰与犹太科学家友人

个请我在耶路撒冷下馆子的犹太朋友。

　　罗杰的父亲阿瑟·科恩伯格是 1959 年的诺贝尔医学奖获得者，能跟随父亲去斯德哥尔摩观礼，12 岁的罗杰可算是清梦一场，47 年后罗杰自己以主角身份又去斯德哥尔摩大秀一场。诺奖获得者是一个圈子，由于是从父一辈起就是圈内人，再加上犹太人是主力，罗杰自己又是情商与智商齐飞，他成了这个顶级小群的群主。

　　罗杰父亲的科研成就是 DNA 聚合酶技术，开创了一个基因生物工程的时代，该领域的鼻祖基因泰克（GeneTech）就是在这个技术基础上发展起来的。罗杰做的 mRNA 转录

科研我不懂，他告诉我就是现在冷冻电镜干的事情。

　　罗杰 72 岁生日晚餐只有我们两个人，趁着酒兴我问他人生有几个最开心的时刻，他和我说起他的科学发现。那是在剑桥大学实验室，1976 年 12 月 31 日的晚上，灵光闪现，他找到了观察 mRNA 转录的"录像带"，他说那是他人生三个高光时刻之一。看着他闪亮的眼神，我知道，他心中那一刻想的肯定不是那块小金牌，而是一种从 0 到 1 解决问题的幸福。

**科恩伯格家的两位
诺贝尔奖得主**

罗杰在研究会议上

什么是犹太人学习的传统秘方？

罗杰的父亲特别鼓励罗杰增强求知的欲望和独立思考的能力，也会鼓励孩子们挑战他，提问和寻找答案是罗杰成长的主要部分。罗杰的父亲在家里的"权威"地位并不是因为他强制孩子听从他这个大人物的指令，而是因为他尊重每个孩子的想法。罗杰从小便养成了提问的习惯，所以从小罗杰在尊重父亲的同时，也质疑他的观点。

首先，在心智模式上，你会发现质疑的思维方法在犹太人中很普遍，我不知道这是先天继承的还是后天学习的，这是一种非常独特的人与人的生活互动方式；其次，在学习、阅读和写作时，质疑也是犹太人的习惯。就第一点而言，确实最令人震惊的就是提问的习惯，提问题是心智独立的表现，可能是继承自父母，也可能是从小父母培养的，面对世界、挑战权威、提出问题、力图寻找自己的答案，这可能就是在科学上犹太人成功的原因。他们总是希望再往前走一步，因而经常去挑战，挑战你现在相信的所有教科书，想知道这个故事是否完整，还是背后依然有什么奥秘。

罗杰告诉我，犹太人爱读书。美国犹太人占 2%，可是40% 的书籍卖给了犹太人。至于"跳出书外"，这不仅仅是指跳出犹太律法书，而是包括科学在内的各个方面，跳出现有各种知识之外，渴望进一步运用理性发挥自己的智力，提出问题，并寻求答案，这是犹太人特有的东西。另外，犹太人的这种生活方式从远古就被记录下来并流传至今，以此为起点挑战已知，正如罗杰所说的，这种绝对特别的犹太集体记忆在几千年前的《旧约》中就有很多相关记载，此后流传广泛，人们以此为基础探究世界的奥秘。如果大家访问耶路撒冷老城中的经学院，很多人将会被深深打动。例如在犹太社区，你会看到许多孩子几小时不间断地学习。我们都曾是小孩子，深知小孩子很难控制自己长时间不动，家长也很难说服他们长时间不动。令人难以置信的是，在那里你会看到这些小孩无休止地学习，没有课间休息，更重要的是，他们学习的犹太教材都是由先贤提出的问题和呈现的答案来组成，绝对是非凡的经典资料。

吾生也有涯，而知也无涯。要得到大千世界奇迹发生的答案，抽象思维是必不可少的。19世纪现代学校建立，是为了满足工业化的社会人才需求创设的学习工厂，以"教授主义（instructionism）"的观点，向学习者灌输事实与程序，以考试来检验学习者掌握多少事实与程序。而在今天知识经济时代，事实与程序已经可以零成本从互联网获得，对复杂抽象概念更加深刻理解，然后创造出新概念、新理论才有社会价值。值得注意的是，犹太人关于神的观念与众不同，因为它是抽象的，不像希腊众神那样被拟人化，希腊神话中的众神除了拥有超自然力量以外，其他方面跟人一样。然而，犹太信仰是抽象的，也不允许有偶像崇拜，实际上我们面临的问题大多是抽象的，例如科学和宗教的问题。我们很难理解生物的复杂性，大量的生物在相当长一段时间里被我们认为是神奇而令人费解的，而要理解这些就需要抽象思维。像爱因斯坦这样杰出的犹太科学家通常都拥有特别强大的抽象思维。抽象意味着不可说、不容易理解，且与日常生活的概念无关，如能量、时间和空间。

罗杰从小就被鼓励这样抽象思考，几乎不可避免会去

罗杰的诺贝尔奖证书
想象宇宙有多大、时间有没有尽头之类的问题，他会问父母，父母会鼓励他提问，当然也会承认自己不懂，强调他们也没有答案。罗杰读小学和中学都是在普通全日制学校，他的家庭也不是宗教家庭，在上大学之前没有犹太同学。直到进了哈佛，他发现班上一半同学是犹太人，而且都有抽象思维的共性。

犹太人思维方式的特异性在于抽象能力。

科学家有信仰吗？

诺贝尔奖获得者有四分之一是犹太人，如果问他们是否是犹太人，那他们都会尽一切可能认定自己是犹太人，但他们不会告诉你自己是犹太教徒。所以严格意义上讲，他们会认同犹太信仰，但不一定认为自己是犹太教徒。

现在还在世的 300 多位诺贝尔奖获得者中，罗杰至少认识 100 位，他很确定几乎所有这些诺奖得主都会认同自己有信仰，但不会认为自己是教徒，他们更愿意称自己为不可知论者或无神论者，他们也不太可能接受任何东西是超自然的，不能接受任何无法通过实验验证的东西。罗杰说，在他们的认知里，科学家尤其是诺贝尔获奖者是个需要理性思考的职业。关于这一点的认知，科学家和顶尖科学家是一样的。我向罗杰发问，人类 DNA 有 30 亿对碱基，却只有 30 纳米，自然界怎么可能有这么强大的能力创造出这样小的"芯片"？罗杰告诉我，人类进化反映出的是进化非凡的力量：大自然数十亿年演变，操作了数万亿次实验并始终选择最成功的结果，而后大自然又通过数万亿次评价，检验了数十亿年中存在过的生物、数万亿种能力和远远超过万亿万亿次的实验。

什么是终身学习的动力？

中国孩子学习的目的性很强，学习的动力几乎都是分数，尤其是高考分数。千千万万的中国学生梦想用高考成绩报答父母的教育之恩，将来报效祖国。纵观犹太民族的近两

作者与罗杰对谈　　千年历史，因为没有祖国，也就无从报效了。

罗杰以炫耀的口气告诉我，虽然从小成绩经常排班里第一，但是，他似乎一点也不在乎。从小爸妈没有强迫他学习，甚至没有要求他学习，而他喜欢阅读，经常每天一读就是几个小时。压力对罗杰来说是特别有效的驱动。他告诉我

压力来源于解决问题的渴望，这是完全属于他个人的愿望，
当然最终的回报也属于个人。罗杰的幸福感也来自解决问
题，虽然有时能解决，有时不能。

哈诺赫·古特弗罗因德
（Hanoch Gutfrued）

爱因斯坦档案馆馆长、希伯来大学理论物理学荣休教授，希伯来大学前任校长。研究领域集中在凝聚态物理、统计力学和计算神经科学。目前致力于在世界范围内通过展览、会议、公共活动以及著述等形式，促进人们对爱因斯坦的科学和社会工作的理解和影响。

王世洲

北京大学法学院教授、博士生导师，以色列希伯来大学孔子学院院长、德国洪堡基金会中国学术大使、中国国际贸易仲裁委员会仲裁员。

Hanoch

爱因斯坦
是天才吗？

受访者 / 哈诺赫·古特弗罗因德
（爱因斯坦档案馆馆长）、王世洲
（以色列希伯来大学孔子学院院长）

Gutfrued

有许多科学巨人，他们像爱因斯坦一样了解真相，他们可能比他更有经验，他们看到了同样的事情。但是爱因斯坦换了个审视的角度，无论别人在已被接受的古典物理学定律的现有世界观框架下如何看待，他都有勇气质疑一切，这就是他与众不同的原因。

——哈诺赫·古特弗罗因德

什么是天才？我们中国人所理解的天才是不用学习，自然就会。从这个角度来讲，爱因斯坦压根就不是天才。我们都忽略或无视了爱因斯坦所付出的努力。中国人所理解的天才是不存在的，外国人所说的天才只是对爱因斯坦的一种赞美而已。

——王世洲

教授老爸

　　古教授是我的酒友，我在耶路撒冷约酒最频繁的就是这位"爱因斯坦"教授。他和我父亲同龄，喝高兴后老想做我的犹太老爸，酒酣耳热之际，他会和我找一家耶路撒冷老城边的小酒馆，聊聊爱因斯坦的辛酸与八卦。

　　古教授是 20 世纪 90 年代希伯来大学的校长，退休以后担任希伯来大学爱因斯坦纪念馆的馆长，从此致力于研究爱因斯坦，推广爱因斯坦。2019 年第一次在上海举办的爱因斯坦展览，展出了大量珍贵史料，包括广义相对论的手稿和诺贝尔金色奖牌。

　　爱因斯坦身后没有留下房产股票，但是有一堆手稿书籍。他把自己这些知识遗产（约 4 万件手稿）全部捐赠给了希伯来大学，其中最珍贵的就是 46 页的广义相对论手稿，据说一页就值 500 万美金，这些就成了希伯来大学引以为荣的传家宝。爱因斯坦是希伯来大学的创办人之一，是希伯来大学首任校董，为了给大学募款，还隔山跨海从德国去美国求见总统。后来希伯来大学开学，他用法语讲了第一堂课。在建校后最初的几年里，他和大学管理方之间就发生了

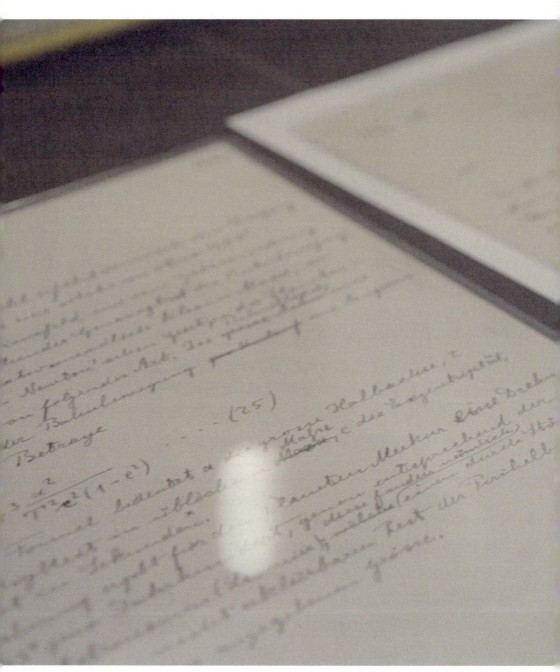

爱因斯坦广义相对论手稿

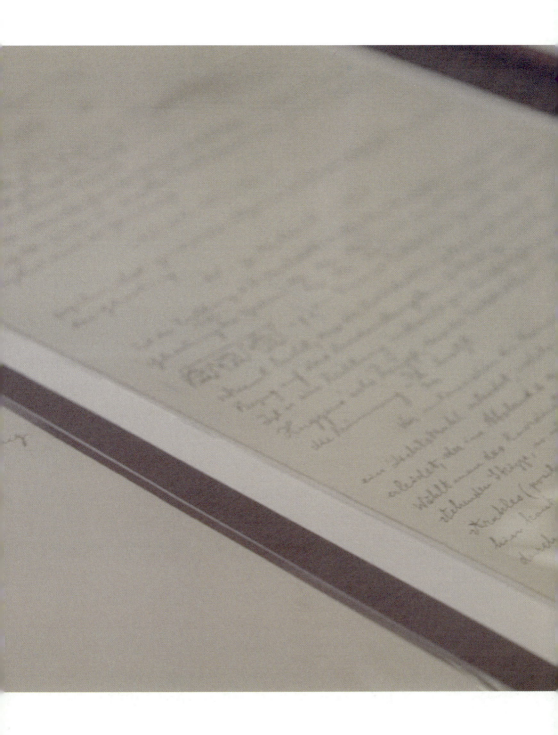

冲突，最终他辞职了。但是到了 20 世纪 30 年代，德国纳粹分子掌权后，他又开始远程为希伯来大学效力。1933 年他去了美国，以多种方式帮助大学，招募新科学家，提供建议等。对希伯来大学来说，最重要的是，他在去世之前 5 年坐下来写遗嘱时，把一切都交给了希伯来大学。

古教授研究了爱因斯坦的两个奇迹年：1905 年和 1915 年。1905 年是公认的，这一年，26 岁的爱因斯坦提出了光电效应、布朗运动、狭义相对论、分子大小测定、惯性与能量等五个发现，其中任何一个都足以拿下诺奖。但是，诺贝尔奖评选委员会的委员对违反常识的相对论又爱又怕，怕爱因斯坦犯错误，也怕因为错过爱因斯坦而对历史犯错误，于是，两害相权取其轻，用 1905 年五项发现中最好理解、最安全的光电效应授予爱因斯坦诺贝尔物理奖。古教授提出，1915 年是爱因斯坦又一个高峰，因为这一年广义相对论问世。要知道爱因斯坦提出相对论完全没有实验基础，是彻底在他自己脑中依靠抽象思维完成的。

古教授从 20 世纪 90 年代末开始对爱因斯坦产生兴趣，他意识到希伯来大学拥有非常重要的文化宝藏，但是没有充分与世界分享，他想那就是他以后要做的事情。所以自从不再担任希伯来大学校长后，古教授开始越来越深入地推广爱因斯坦的文化遗产。

作为希伯来大学爱因斯坦档案馆馆长，古教授有几个任务需要完成。首先，要承担一个很大的项目，即对爱因斯坦所有的文件进行学术出版，使它们既可以在网上发布，也可以以纸质图书的形式出版，这大概需要 15 至 20 年时间才能完成；其次，要让纪念馆有充足的资源，迎接各地想要来

这里研究的学者，发布与爱因斯坦相关的信息；纪念馆也有意制订关于爱因斯坦的教育计划，以宣传他的人道主义精神，等等。

作者团队成员与哈诺赫在馆中合影

　　古教授正在谋划建造一个爱因斯坦之家，该建筑将有一个永久性的展览，该展览将比现在更适合接待团体和个人，并针对学生和游客提供他们所感兴趣的课程。任何人来到耶路撒冷，都想来访问耶路撒冷的爱因斯坦之家，这是古教授有生之年的主要人生目标。希伯来大学上下都正在努力，这项计划正处于非常积极的设计和建设中。

科学家很多，为什么唯独爱因斯坦那么火？

　　爱因斯坦已经成为文化名人和偶像，而纵观历史上那些重要的科学家，即使他们在世的时候非常有名，非常受大众欢迎，但是在他们去世之后，公众的记忆就会减退，兴趣就会下降。假如是一位重要的科学家，当然，其他科学家会记住他们的文章和研究成果，他们的名字与自然法则联系在了一起，所以他们会被科学家记住，但公众可能不会记住。爱因斯坦则相反，在古教授看来，时间越久公众兴趣就越大。关于爱因斯坦，有一些非常有趣的现象，比如没有哪个科学家的脸被每个国家、每个民族、每个年龄阶段的人都记得。牛顿就是一位伟大的科学家，可大家都只知道牛顿的名字，如果给你看图片，有多少人能认出他？但是爱因斯坦的照片无处不在、无人不识。他的科学成就、科学贡献是现代科学的支柱之一，爱因斯坦是两次伟大科学革命的奠基人之一，还产生了影响我们日常生活的技术之果，譬如我们现代交通中使用的卫星导航系统。随着时间的推移，每时每刻都有新的证据和新的观察与他的思想和成就有关。所以，每隔几年就会有一些科学上的进展和突破使我们想起他。除了所有这些成就以外，爱因斯坦还被认为是人类社会的一个明智观察者，他在哪里出现就在哪里表达他对政治问题、社会问题的看法，两者很难分开，所以在这个意义上，他是独一无二的。

为什么爱因斯坦说自己是孤独旅行者？

爱因斯坦是一个无神论者，他说过上帝不会掷骰子。但是，他非常清楚自己犹太人的身份。爱因斯坦对各种宗教是敬而远之的。他曾与泰戈尔对话，泰戈尔大谈量子力学与佛

爱因斯坦的标志性头像

学，认为这两个门派都认定"测不准"原理，爱因斯坦出于对这位伟大诗人的尊敬，在谈话中表现出了附和，但是在后来的日记中做出了清楚的切割。

古教授读过很多关于爱因斯坦的媒体采访，谈到了爱因斯坦对民主、终极人权立场以及核武器的看法。曾经有一段时间，爱因斯坦认为，拯救人类的唯一方法就是组建世界政府和加强国际合作，他不知道后来联合国可以发挥这一作用，爱因斯坦总希望发明一些更有效的办法。当回顾这些往事时，可以说从某种意义上讲这是天真的，因为社会问题比物理学和相对论复杂得多。但爱因斯坦不是一个天真的人，所有这些想法都是关于人类的未来，它们来自他内心深处。

爱因斯坦说自己是这个世界上的孤独旅行者，确实如此。人们对他成就的描述充满矛盾，一方面说他是个孤立的天才，他拥有很多奇思妙想，并且独自创立相对论。但有一天，他在办公室写了 8 封信，分别寄给其他科学家、两位知识分子、朋友、哲学家和政治家，所以从另一方面，他又非常入世。

爱因斯坦一生只来过一次希伯来大学（1922 年），同年也进行了唯一一次中国之旅。后来当日本入侵中国时，他站出来了，他在美国和国际舞台上表达了对中国的支持，最后还说，如果中国保持团结与独立，将对全人类有益，他不仅为中国人民，也是为全人类考虑。当德国的纳粹政权在第二次世界大战中迫害犹太人时，就有了让犹太人去中国定居的倡议，爱因斯坦非常支持这一举动，他提出的论据是中国所有当地居民都可以从中受益，但更重要的是，犹太人不会在那里受到迫害。因为他观察到在中国没有歧视，没有以宗教、种族为由迫害其他民族。

为什么相对论在中国比在许多发达国家更早出版？

古教授解释说，中国有些聪明的年轻学生在日本和欧洲学习，接触了科学的新发展，后来回到了中国。其中一位夏元瑮先生，是向中国介绍相对论的先驱，爱因斯坦的第一个中译本是由他翻译的，介绍了所谓的"狭义相对论"和"广义相对论"，这些爱因斯坦的理论和想法在中国非常受欢迎。

《相对论浅释》中译本

在每个国家都会看到知识分子所具备的核心精神：好奇心。喜欢将时间和精力投入了解新事物上，这一点在中国就表现得尤为明显，因为在中国没有科学上的偏见。你在欧洲可以看到古典物理学在过去几百年中发展起来，取得了巨大的成功并且有一套完整的概念、方法，但是当出现了古典物理学无法理解的新观测结果时，他们就会努力用古典物理学的概念来解释这些新现象，然而，在中国没有这样的束缚。

爱因斯坦是天才吗？

现在"天才"这个词是一个俗语，它意味着智商爆棚吗？这个世界上有很多聪明的人，我们不知道是否有人可以证明爱因斯坦的智商确实与常人有所不同，与其他数学家或科学家一样具有非凡的智商。不过在当时的年代可不流行智商检测。但是他身上有种特质无可替代，爱因斯坦作出如此杰出贡献的独特之处，在于他不畏人先的勇气，不惧挫折的耐力。古教授认为，爱因斯坦同时代有许多科学巨人，他们像爱因斯坦一样了解真相，他们可能比他更有经验，他们看到了同样的事情。但是爱因斯坦换了个观察角度，无论别人在已被接受的古典物理学定律的现有世界观框架下如何看待，他都有勇气质疑一切，这就是他与众不同的原因。

中国也是爱因斯坦的福地，1922 年他在从东京到上海的轮船上，收到诺贝尔奖的获奖通知。在上海，爱因斯坦第一次以诺奖得主身份发表讲话。今天，中国人把爱因斯坦作为"智商"的形容词，爱因斯坦就等同于"创新"。

中国如何养育"爱因斯坦"？这是我所研究犹太教育模式课题迫切要回答的问题，为此我采访了古教授，之后作为对照样本，我又采访了希伯来大学孔子学院的院长王世洲教授，他正巧是一位研究爱因斯坦的中国学者，两位教授不同角度的回答颇有意思，有趣的是，他们都认为爱因斯坦不是天才。

王世洲院长教犹太学生包饺子

当然这就涉及一个问题：什么是天才？我们中国人所理解的天才是不用学习，自然就会。王世洲认为，从这个角度来讲，爱因斯坦压根就不是天才。我们都忽略或无视了爱因斯坦所付出的努力。举个例子，现在年轻学者不都争着在核心刊物发表论文、评教授职称吗？人们在讲述天才的时候，都觉得发两三篇论文就能评上教授。事实上，爱因斯坦从 1900 年大学毕业到 1909 年当上教授，共发了 60 篇核心刊物论文。所以哪来的天才？中国人所理解的天才是不存在的。爱因斯坦的例子告诉我们：世界上是没有天才的！天才仅仅是人们对某个人达成某种特殊成就的一种赞美而已。

希伯来大学和清华北大比，谁更强？

当谈到以色列的学术和学生，王世洲院长认为希伯来大学学术水平不亚于中国国内任何一所大学。希伯来大学有九位诺贝尔奖得主，北大现在只有一个。在某种意义上赢者通吃。比如说北大的一万篇论文里只有一个诺贝尔奖得主；希伯来大学的一千篇论文里有两个诺贝尔奖得主。从这个意义上说，人家是在我们前面的。中以两个国家的教授都有各自的长处和短处。以色列教授的长处是语言和眼界，这里面涉及学术的概念，但是学术是以知晓知识为基础的，懂得越多，学术水平高的可能性越大。

希伯来大学的国际联系非常多。普遍来讲，希大的教授从知识面来讲比我们清华北大的要强。犹太人在语言方面有天然的优势，在希伯来大学走廊里面，随便找一名学生就可以讲两三种甚至四五种语言。为什么呢？因为可能他爸爸是俄罗斯人，妈妈是德国人，阿姨是法国人，舅舅是西班牙人……犹太孩子从小就有非常多元的文化积累。王世洲举一个例子，2018 年的以色列赛区汉语桥比赛，第一名是希伯来大学的汉娜同学，她只学了半年中文就拿了第一名。她会说非常流利的法语、俄语，当然俄语是她的母语，她还会说非常流利的德语、希伯来语，现在她还在学中文，还拿了汉

爱因斯坦的高中成绩单

语比赛的第一名。王世洲问汉娜将来打算干什么，她说对歌剧非常感兴趣，而且从小就学习歌剧。

实事求是来讲，根据我在希伯来大学的经历，在希大这样的学生还真不是少数。因为他们的学术基础非常宽厚，如果他们想突破，是比较容易的。他们讲究的是你喜欢什么、你喜欢干什么，而不讲究你记住没记住、你背下来没背下来。犹太人自己是很自豪的，他们认为自己是被拣选出来的人类精华。人们可能会批评犹太人、挑犹太人的毛病。其实被选出来的人也并不是以完美为标准，也不需要完美！你不必是那个天才，但你必须要有一个特别之处。

梅纳赫姆·本·萨松

（Menachem Ben-Sasson）

希伯来大学前校长、历史学教授，以色列国会前议员。

Menachem

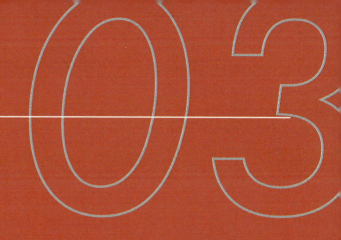

学习是避难所吗？

受访者　/　梅纳赫姆·本·萨松
（希伯来大学前校长）

Ben-Sasson

犹太人处于世界上最强大的主流文化的对立面，他们必须要谋求生存，因为是非主流，在与主流文化争论中生存，主流宗教从外部的影响是巨大的，怎么争论？通过学习。学习为你提供了战斗的平台，斗争不能靠权力，因为你没有权力。在犹太民族中，学习变得像一种生存方式，犹太人是以学习为宗旨，犹太人理解这一点。

——梅纳赫姆·本·萨松

　　这位大历史学家用千年尺度的望远镜，带领我们眺望历史的长河。他的讲述让我想起了那句历史唯物主义名言：历史从哪里开始，思想就从哪里开始。

学习传统是从哪里来的？

　　犹太人在整个历史上都是少数派，他们居住的迦南地区，也就是现在的以色列，地处亚欧非战略要津，是历史上每个帝国都非常感兴趣的地方。另外，犹太人独创的文化认同与主流文明泾渭分明。因此，它造成了以色列与周边帝国的紧张关系和文化—宗教对立，也招致周围大国在政治上的敌视。

　　公元 70 年，为避免以色列再次发生动乱，罗马帝国侵入该地区时，把犹太人变为奴隶，虔诚的犹太教徒不得不背井离乡。然而，迁徙并非己愿，更多的是他们无声的反抗，可以说他们不愿意被帝国文明同化，他们不想成为帝国的一部分。在这种情况下，他们要么投降，要么只能远走他乡。如果回溯 2500 年、回溯 2200 年、再回溯 1000 年，甚至回溯仅 500 年，你就会看到犹太人处在"大流散"中。在"大流散"中，犹太人没有自己的国家，不能掌握自己的生活，包括经济、安全，一切都掌握在大国手中，犹太人必须发展自己的开放性，理解和接受所在地的主流文化和主流宗教，学习周围人的语言和文化。因此，在"大流散"当中，善于学习的犹太人通过阅读，开始与外族文化进行融合。无论是和希腊人、罗马人、阿拉伯人还是中国人一起相处，犹太人学会了用当地人的语言聊天，一方面犹太人要入乡随俗，另一方面还要和自己千百年的文化认同联系在一起。

犹太文化认同是什么？就是一代一代口口相传直至后来记录下来的律法书，那是先知书，是智慧宝典。口传的就是《密释纳》，后来以《密释纳》为基础制定了具有神圣地位的犹太律法。律法中有的追溯到上帝，有的来源于先知而且充满了辩证法。这本书具有神圣的权威性，无论身在何处，遇到什么问题，犹太人建立了自己和这本书之间的对话关系，而且这个对话本身就成为了一种学习方法。律法不会说话，必须把它拿出来读，你会读到先知给出道德和法律上的日常生活准则，在你和书本之间创造了辩证思维。当你和你的家人、朋友问我从书中学到了什么，我说我看到了 A 和 B，他说你误会了，应该是 C 和 D，或者是 E 和 F，然而，那些看到我们讨论的观众却认为是 Z 和 W。这样多好啊！这本书是开放式的，谁都可以引经据典，在律法面前谁也没有特权。每一代犹太人都会出一批学者，他们一生穷经皓首从书中得出结论；他们互相争论并展开对话，他们这种对话在犹太人的学习中变得独一无二；它反映了民主性，也反映了犹太教育的开放性。有一种说法是律法放在某个房间的角落，每个人都可以拿出来读，你不必是祭司，你不必是某个大人物的儿子，不管你来自哪个朝代、哪个地方、哪个宗派，律法就在那个房间的角落，我们每个人都可以进来看。更加难得的是，你已经以律法为桥与你的朋友之间建立了对话，而对话创造了每一代犹太人的现实世界。具体而言，人家是大多数，而你是少数，因此你需要与他们对话。

犹太教徒中有些人试图避免与外部任何人和事接触，他们躲进隔都与世隔绝，有时是出于自保。犹太教徒有自己特有的服装，大家都记得纳粹给犹太人贴上黄色大卫星，但是纳粹不是第一个这么做的，第一个这么做的是穆斯林统治者，当然，他们在后来也遭到了反抗。在 13 世纪，穆斯林统治者强行给犹太人贴上标签，包括西班牙、以色列、埃及的犹太人，不仅是犹太人，基督徒也一样，在不少国家或地区都被打上与众不同的标签，在街头一眼就能认出来。犹太人不得不谋生，他们被驱逐、被利用、被仇恨，有时是他们自己想远走他乡。例如，当犹太人生活在伊斯兰教统治下的伊拉克时，他们想离开伊拉克搬到埃及、北非，再向西搬到西班牙，因为这些国家打开了新机遇，也有人移居印度。所有这些都是被迫，一部分是出于自保，但是你来到这个国家你说希腊语，去了另一个国家，若他们说阿拉伯语，你就必须使用新的语言，你也必须学习新文化。现在要想生存，就不仅要实现对服装、食物、语言、经济的开放，也将对新的思想开放，否则就会被一些非常先进的想法边缘化。

同样，外来文明也影响了犹太人。罗马人击败了希腊，但希腊思想的观念也征服了罗马，同时希腊思想也影响了很多犹太人，犹太人对希腊法律、逻辑、思想和价值观持开放态度。后来，希腊和希伯来文明影响了整个西方世界，伊斯

位于耶路撒冷老城的金顶——阿克萨清真寺

兰教也很乐意将希腊文化翻译成阿拉伯语，犹太人在定居的穆斯林国家也使用阿拉伯语言，阿拉伯思想是在伊斯兰教下发展起来的希腊思想和犹太哲学的混合体。由于巴格达犹太人的开放性，犹太人的书架从 9 世纪起开始完全改变了，变得非常复杂和多样化。北非和西班牙的犹太人既重视自己的文化价值观也包容其他民族文化的价值观，那是犹太人的生存之道。

作者访问梅纳赫姆
教授

如何在反对中包容其他文化？

　　梅纳赫姆认为提问也是民主意识的来源。犹太人处于世界上最强大的主流文化和宗教的对立面，他们必须要谋求生存。因为是非主流，在与主流文化争论中生存，主流宗教从外部的影响是巨大的，怎么争论？通过学习。学习为你提供了战斗的平台，斗争不能靠权力，因为你没有权力。在犹太

民族中，学习变得像一种生存方式，犹太人是以学习为宗旨的信仰群体，犹太人理解这一点。如果学习是一种信仰，那么犹太教最基本的仪轨就是要求每个年满三岁的孩子都必须去读书，其次学习是民主的源头，对主流文化和对大国的反抗态度，是梅纳赫姆特别强调的。必须承认反对也是一个接受立场，每当你认为自己是在反对时，实际上你就处于接受的姿势，因为反对必须先要理解。

传说亚历山大大帝来过耶路撒冷，当然正史中没有这样的记载。但是在传说中，他曾与当时最重要的犹太人拉比西蒙（Simon）会面并有过对话。西蒙拉比问亚历山大大帝为什么来，大帝说："我在梦中看到您是我的首席祭司，所以我便来了。"

亚历山大大帝允许不同信仰在帝国境内共存。这样的雄主都认为自己是神圣不可超越的，亚历山大大帝就是一个例子，埃及的法老也是一个例子。他们作为当时世界上的大人物，都以为自己几乎超越了神的能力。于是，许多"大帝"能够意识到如果想获得更多的支持，就应该允许不同的人存在，换句话说，亚历山大大帝不仅允许他们生存，还支持他们的蓬勃发展，以对帝国的发展做出贡献。

亚历山德罗·莫迪亚诺
（Alexandros M. Modiano）

律师、政治学家、第三部门专家，还是厨师、水手、电台制作人等。2014～2019年，同时担任雅典市副市长和市议员。

Alexandros

希腊与希伯来
——谁是西方文明的根?

受访者 / 亚历山德罗·莫迪亚诺
（雅典前副市长）

古希腊的哲学家像柏拉图，有关哲学的讨论和对话，辩论的理论观点是无关乎这个现实世界的，而《塔木德》很接地气，《塔木德》必须回答有关日常生活的实际问题。《塔木德》运用了古希腊逻辑方法论，但犹太人把它用于不同的方向。

——亚历山德罗·莫迪亚诺

亚历山德罗是雅典市前副市长，他出身于一个雅典的犹太家庭，他的父亲是当地犹太人的大拉比，自幼饱读诗书，后来曾在希伯来大学攻读博士，在希腊是大学教授与政治家的两栖身份。希腊文明与希伯来文明是打开西方世界的两把钥匙，亚历山德罗一人手握这两把钥匙，又是著名学者，我想没有人比他更适合来推开历史的大门，来讨论久远以来希伯来文明和希腊文明的关系。

希腊文明与希伯来文明，谁影响了谁？

历史上，这两个文明第一次相遇是在亚历山大大帝时期。关于亚历山大大帝有个传说，在亚历山大征服埃及前往印度的路上，今天的以色列这片土地也是他的领地。据说，他真的在耶路撒冷遇见大祭司西蒙·哈扎迪克。当然，在这个世界上你永远无法确定历史是否如我们所知的那样准确。在一个特别的日子，大祭司会见了大帝。按照传统说法是这样的，亚历山大和其他征服者不同，他尊重当地的传统习俗，他并没有将自己的塑像置于犹太圣殿之上。他说："你继续从事自己的信仰活动。"亚历山大意思是一体两国。两个国家，一个体系。他继续上路，继续他的事业，因为他要征服印度、波斯。问题是在亚历山大时期大家是和谐共存的，但在亚历山大之后，他的继任者就不同。塞琉古一世是一个很重视希腊逻辑的国王，他不是希腊人，但偏好希腊风格，认为我们必须推动希腊化，使其遍及我们所到之处。

今天我们所看到的雅典和耶路撒冷之间的因缘就由此开始了。所以，最初的相遇是在亚历山大时期，和谐而和平。当塞琉古一世决定强加他们的信仰时，发生了一场叛乱——马加比起义。光明节[1]不仅是庆祝光明，在以色列它被认为是军事上的胜利和成功，这就是为什么非宗教的以色列人也乐于在光明节上展示他们的力量，按说这是为信仰而斗争的犹太人的胜利。

当时的希腊相当于现在的美国，当时的以色列相当于现在的墨西哥，但没有战争只是反抗斗争，反抗使他们得以维持自己的身份认同。推行这种希腊化的不是希腊人，而是叙利亚人，是犹太人的敌人。后来也在犹太教的《塔木德》中有提及过，演变为光明与黑暗、黑与白之间的斗争，你想叫它什么就叫它什么，但这是文明的冲突。确切地说，愤世嫉俗者将猪肉放在犹太人的圣殿里祭祀，要把皇帝的塑像供奉在庙堂之上，对孩童不允许实施常规的割礼等，这是对信仰的亵渎，人与人之间不允许再有不同。因此，所有这些原因造成了当地人对占领军压迫的反抗，但这只是历史上的一个小插曲，多亏光明节的记事官，使其得以流传到今天。

1　光明节，又称哈努卡节、修殿节、献殿节、烛光节、马加比节等，是一个犹太教节日。该节日为纪念犹太人在马加比家族的领导下，从叙利亚塞琉古王朝国王安条克四世手上夺回耶路撒冷，并重新将耶路撒冷第二圣殿献给上帝。

　　在希腊的传统中，我们可以得出这样的结论：因为希腊语在亚历山大时期是通行语言，逻辑起源于希腊，然后《塔木德》借用这种逻辑推理。当时的哲学家就把犹太律法的思想理解成是希腊哲学的一部分。一个很有趣的人物是，犹太著名哲学家迈蒙尼德，他同时也是个医生，但他用阿拉伯语行医，而迈蒙尼德是他的犹太名字，他还有希腊名字叫迈蒙尼德斯。他为希腊引入了《塔木德》哲学和犹太哲学，也为犹太文明引入亚里士多德思想流派，他把两者融合在了一起。他讲的关于地球、生活理解、生活实践、生活技巧和生活的艺术，都是哲学史的杰作。两者的区别在于希腊的哲学家像柏拉图，有关哲学的讨论和对话、辩论的理论观点是无关乎这个现实世界的，而《塔木德》很接地气,《塔木德》必须回答有关日常生活的实际问题。

　　亚历山德罗坚信，希腊与希伯来文明的交汇是在犹太拉比与雅典哲学家相遇时发生的，他们因不同而争论，又因不同而借鉴。今天，我们可以清楚知道两希文明的交互作用，是因为两者都有记录，而有没有受到周边其他文明的影响，因为没有文字记录就不得而知了。

　　为了发展和解释信仰，犹太学者当然使用了整合的工具箱，而且是来自整个文明世界的工具箱，人人得以分享使用。但当我们说这片土地的时候，我们不应该把它局限于今天以色列的边境，因为巴比伦和亚历山大港是当时犹太教思想学派的中心，正如今天的耶路撒冷。今天的耶路撒冷不是地理意义上的耶路撒冷老城，而是文化意义上的耶路撒冷，代表犹太文明与思想之城。亚历山德罗开玩笑说，当时的地中海沿岸地区希腊化，就像特朗普上台前的全球化。希腊哲学家的书已经遍布中东，拉比们可以让希腊思想与犹太思想结婚。《塔木德》提到了雅典学院的思想，虽然没有提到柏拉图、亚里士多德等这些著作权人。《塔木德》很多词汇来自希腊，例如"预言"就是希腊地名，"控方"和"辩方"这两个关于辩论的关键角色也来自希腊语。《塔木德》是希腊逻辑的升级版，因为它的学术思想已经借用了希腊逻辑，希腊逻辑更早出现，柏拉图的逻辑思辨，随后其他希腊哲学家的思想也已经形成并运用了。在那时，《塔木德》逻辑和古希腊逻辑两者有交汇，《塔木德》运用了古希腊逻辑方法论，但犹太人把它用于律法的方向，把它生活化、实用化。

会堂如何影响学习？

与其说犹太宗门教派，不如说犹太人是以教为宗。亚历山德罗告诉我，犹太会堂有三个功能，用来做礼拜、会面和学习，而学习功能是最重要的。过去犹太圣殿的原意就是"学校"，今天的犹太会堂实际上就是学校，拉比原意就是"教师"，不是"祭祀"的概念。犹太人去会堂不是听祭祀布道的，而是听拉比讲课。安息日晚餐很有意思，安息日晚餐本质就是学习，为了增强学习的趣味而把学习变成 party。我在以色列参加过几十次安息日晚餐，其中一个家庭有 5 个孩子，从 5 岁到 17 岁，我发现他们每年 52 周每次讨论的章节都是重复的，但每年对每一章都有新的认识。这样下来，从 5 岁到 50 岁实际上是每年温故而知新。在律法中，启示即为经文，是律法本身，其每一句都同样重要，正如两个儿子和一个女儿同样重要。不得杀人、不得偷窃或者不得犯其他的罪恶，一些基本的戒律或者一小段表述与律法中的价值观似乎不相关，但是这一切都是等观的启示。所以律法不能想怎么写就怎么写，必须按特定的方式来写，因为这是律法自己定的。亚历山德罗拍着胸脯说："你会发现有的犹太人是小偷，有的犹太人是坏人，有的犹太人是凶手，但你找不到不识字的犹太人，因为不识字是罪过，因为学习就代表着信仰。犹太人必须爱学习，必须阅读，必须理解。这些不仅是历史，也是当下正在继续的。"安息日晨祷中，犹太人不说"您给了我们启示"，而是说"您正在启示我们"，律法是一部没有写完的书，一代一代的学者都在赋予新的思考、新的意义。

某物可以是 A 或 B，但能不能同时是 A 和 B 呢？

我两年前去过希腊，我发现很难记住这么多神的名字。但在耶路撒冷就很容易，只有一个神，就像使用美元一样方便，在世界上任何地方都可以用美元。但是，亚历山德罗认为，如果只有一个，那就是单极主义；如果有很多，那就是多元化。亚伯拉罕一神教在当时是创新性的变革，是单一参照点和新的道德体系。

在天主教中，大家相信圣母玛利亚，耶稣的母亲。所以你就有了一位女性形象，但这种信仰实质上是一神论的。事实上，在三位一体的万神殿里，父亲象征上帝，儿子象征耶稣和圣灵，还有上帝之母圣母玛利亚。这个女性形象，可能代表的是社会生活中的女性部分，通过一些特殊形象来呈现，这一切在一神论犹太教中都是不存在的，因为上帝没有

作者与亚历山德罗夫妇

性别之分,他被赋予一个特殊的人类形象。天主教才会按形象来供奉和膜拜男神或女神。因此,信仰变得更加个人化,超越了官方神学,也变得或多或少超越一神论的范畴。犹太人一心一意的信仰与此相伴相生就产生了犹太的平行逻辑。

某物可以是 A 或者 B,但能不能同时是 A 和 B?犹太哲学对此有不一样的逻辑。亚历山德罗讲了一个关于思维的笑话:有一位犹太拉比既是老师,也是法官,他的小儿子在他父亲接待并和大家讨论问题时也在场。有人说,"拉比,我和我的邻居之间有这个问题,他是坏人,是小偷,他到我地里偷东西"。拉比说,"你说得对"。然后他还得听另一方说辞。那么另一个人从他的立场阐述了这件事。拉比说,"你说得对"。当两个人离开的时候,他儿子说:"父亲,怎么可能两个都是对的?这不正常。"拉比说:"儿子,你说得对。大家都对!"

这就是平行逻辑,这是一种深度进化的学习方法,必须质疑一切。在《塔木德》中所有的辩论都会采取一些极端的立场来进行辩论,这是为了让辩论者(通常都是学生)打通所有逻辑,因为如果我告诉你一件寻常事情,那就太浅表了。但如果我告诉你的是一件非常离奇的事,貌似不符合逻辑,你得深度思考,并且你得证明这是符合逻辑关系的。

大卫·利夫希茨
（David Lifschitz）

Incentive 创新孵化器创始人。苏黎世大学兽医学博士。创办生命科学和数字健康风险投资公司、以色列风险投资公司。至今仍为以色列高科技公司顾问。他的父母都是避居瑞士的大屠杀幸存者，他是两脉单传。他娶妻生子后开枝散叶，如今形成了一个大家族，他的家族以瑞士人钟表般的严谨造就了以色列最成功的创新孵化器。

利奥尔·沙赫里
（Lior Shahory）

Incentive 创新孵化 CEO

大卫·利夫席茨与妻子

利奥尔·沙赫里

David

老人如何
共同学习？

受访者 / 大卫·利夫席茨（Incentive 创新孵化器创始人）

利奥尔·沙赫里（Incentive 创新孵化器 CEO）

ifschifz

犹太老人从不停止学习，犹太人祈求知识、领悟力和智慧，这三个品质彼此环环相扣，密不可分。这是犹太人最重视的祈祷内容。

——大卫·利夫希茨

犹太老人为何从不停止学习？

Incentive 是创业项目的孵化平台，主要投资两个领域，一个是生命科学领域，主要是病人使用的高利润的医疗器械；另一个是软件，主要是 B2B 软件。大卫和以色列首席科学家共同投资了 incentive 科技孵化器。70 多岁的大卫精神矍铄，一提到学习更是两眼发亮，他说自己有一个比他年龄更大的学习伙伴，是位老绅士，每天上午 8 点半到 10 点半是他俩在一起共同学习的时间。这种现象在以色列不是特例，我在以色列访学期间，就加入了我们社区一帮"老干部"的学习小组。我们这个社区是耶路撒冷古城外历史最悠久的犹太社区，这里住的都是以色列的成功人士，有投资家、名教授、大律师。我通过核磁共振之父 Morry Bluenfiled 博士的介绍，加入这个豪华朋友圈，每两周请一位犹太拉比讲课。后来因疫情以色列锁国，我以为该停课了，没想到大家仍然通过网课坚持，上课是雷打不动的。每次上课这些"老干部"都争论得面红耳赤，而且，巾帼不让须眉，太太们比先生发言还踊跃。

大卫告诉我，有信仰的犹太人祈祷的第一件事，就是

陈明键在大卫家中

祈求上帝赐予自己智慧，这是第一位的价值观！智慧先于健康与金钱，甚至先于和平与安宁。犹太人老了不停止学习，犹太人祈求知识、领悟力和智慧，这三个品质彼此环环相扣，密不可分。这是犹太人最重视的祈祷内容。

哈斯卡拉运动像中国的五四运动一样迎来了科学艺术吗？

历史上颠沛流离的犹太人全神贯注于《革马拉》和《塔木德》的学习，除此以外，他们一无所有，和科学与艺术

没有任何联结。为什么从 19 世纪开始，在西方社会科学、艺术领域突然出现了那么多犹太人的名字：哲学上的斯宾诺沙、马克思；科学上的爱因斯坦；艺术上的门德尔松？《塔木德》的学习是犹太才子祖传猎枪，它开始重新瞄准了科学与艺术。对《塔木德》的研习实际上可以称之为一种智力训练：你认为那是对的，他认为那是错的，那你需要向他证明为什么你认为那是对的。如果他有证明其不对的证据，那为何你还要说它是对的呢？因为你有不同的角度，只要在犹太律法中能找到你的根据，那你就是对的。不管是白猫黑猫，能逮住老鼠就是好猫。犹太律法可以提高你分析问题的

Incentive 科技孵化器 CEO 利奥尔·沙赫里

位于阿里埃勒大学内的 incentive 创新孵化器

能力，它让你明白，首先得听取他人的意见。犹太律法的权威理论能帮助你说服别人，它赋予你领导才能、深度知识，让你能够深入分析问题，使你的思考更加敏锐，并达到一个你通常无法企及的高度。

大卫告诉我，世界上第一所大学是 1134 年在离马德里不远的萨拉曼卡创建的，这所大学的创办者是犹太人。他们当时正经历黄金时代，大约持续了 200 年。人要想学习，就要处于一种舒服的状态——生活无忧，有安定的住所，平静安宁。就在犹太人创办第一所大学的西班牙，犹太人很快就不被允许去上大学了，只有一所位于意大利帕多瓦的大学允许他们学习医学，他们就去了帕多瓦学医。后来，意大利和西班牙的城市中有 50% 的医生都是犹太人，医术很高明。著名犹太学术大师迈蒙尼德拉比就曾经是一名医生，他曾是埃及哈里发（阿拉伯国王）的医生。

对犹太人的民族迫害阻碍了犹太民族的发展。哈斯卡拉解放运动使犹太人有了安全感，他们不再是犹太人了，而是波兰人、是德国人，所以他们觉得很安心。犹太人被视为享有平等权利的公民，获准上大学，获准成为律师、教授。哈斯卡拉运动在犹太历史上只存在于一个短暂的时期。那个时候，一切对犹太人来说都是有利的。就像当年在西班牙那200 年的黄金时代，犹太人获得了支持并有了安全感，他们享有平等的权利，可以做任何想做的事，犹太民族开枝散叶了。这就是为什么突然之间他们的身影遍布大学、科研和其他各个领域。犹太学习的基因在那儿。

活到老、学到老的大卫亲身为大家示范了如何把学习、信仰和创新融入到生活当中去。

张平

以色列特拉维夫大学东亚学系汉学与东亚学终身教授，中国教育部长江学者，宗教学讲座教授。主要研究领域为中华文明与犹太文明间的跨传统对话。他是第一个将拉比犹太经典翻译介绍到中文世界的学者，也是第一个在以色列获得终身教授职位的中国人。

Zhan

平行逻辑学习观如何引出
争辩逻辑方法论？

受访者 / 张平（《密释纳》中文版译介者）

平行逻辑好处就是鼓励你提出不同的意见。但是光有意见还不够，更重要的是在不同的意见之间产生一种辩论的关系、一种交流的关系。所以犹太律法发展出一套新的逻辑叫争辩逻辑。

——张平

21 世纪的"玄奘"

　　2018 年我在希伯来大学听过张平教授的课，我称他为犹太教的"玄奘"。犹太人不曾想到，在 21 世纪，会有中国人把犹太教的《密释纳》翻译介绍到东土中国，两个相距万水千山的悠远文明从此有了一个焊点，让中华民族的有心人从此可以穿行千年，来盘点犹太文明的核心资产的奥义。

　　张平教授大概是在 10 年以前起心动念要翻译《密释纳》的。他先翻译了《阿伯特》，然后翻译了《塔木德》其中一个小卷叫《天下通道》。《天下通道》这本书在国内也出版了，它跟《阿伯特》这本书的性质一样，而且关系很密切。从张教授对《塔木德》理解来说的话，《密释纳》是个基础，英文和德文都是先翻译《密释纳》。因为所有的概念、术语都是从《密释纳》来的，没有一个完整的《密释纳》，就很难做出一个有学术价值的《塔木德》。所以张平教授就立了个志向，这辈子要把《密释纳》翻译出来。他说前两部已经翻译完了，现在正在做第三部的翻译工作。

　　3 年翻译一部，向中国人介绍《密释纳》的艰巨工作，

作者与张平教授交谈

对犹太文化传播做出了巨大贡献，以色列政府应该给张平教授颁个以色列国家奖。

律法如何影响学习观？

我和张平教授第一次见面的时候就谈起了犹太律法。我来耶路撒冷快一年的时间了，张老师的话言犹在耳，犹太律法对犹太人产生非常深远的具有历史性的影响。2020 年秋天，我们在他特拉维夫的家中再次见面的时候开玩笑说，以色列马上要进行一年内第三次的国会选举，这种选举一次、两次、三次始终形不成统一意见，和犹太律法对犹太人的思维影响有关系吗？

张平教授回答说，有非常深的关系。以色列建国延用的体系是英国人留下的，英国当初在这边所谓的委任统治几十年，然后把英国那套弄过来，所以以色列这套政治体系，包括法律体系基本上就是按照英国这套体系建的。但是建的过程中间犹太传统的思维还有运作的空间，传统思维在里面起了很大作用。最重要的一点就是我们讲的平行逻辑和争辩逻辑，就是鼓励不同意见，鼓励不同的派别，所有人都有平等发言的权利。所以议会选举门槛定得比较低，党很小，谁都可以参加选举。

除了政治的影响，犹太律法对犹太人的思维逻辑的影响可能是多方面的。从某种意义上说，是犹太律法给了犹太人身份认同，整个犹太身份认同是从犹太律法来的。犹太人通过犹太律法给自己固定下一个根，就是所谓的《妥拉》传统，求经的传统，无论干什么事情最终都追回到那本经上去。从这点来讲光有《妥拉》不够，它的内容有非常具体、有限、实际的范围，离开这个范围你就没法用。但是《塔木德》这一部犹太律法跟着现实生活千变万化，它搭起一座桥，无论你干什么我都可以通过它追回到那根上去。

张教授在书里写到，如果光是《妥拉》的话，那么犹太教就未必独特，因为西方主流社会也是认《妥拉》的，所以发展出来的犹太律法这一套就是犹太文化的独特现象。张平告诉我，平心而论，对他来说读《密释纳》和《塔木德》都非常困难。当今犹太人的社会中确实只会有少部分或者极少部分人去读这两本文献，它们是如何保持流行并流传几千年？

犹太人有自己的教育系统，学校是一套学校里按照常规来培养学生另外一个系统就是对日常生活的一种渗透，比

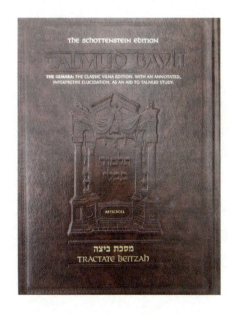

希伯来文《塔木德》封面

如读《逾越节传奇》，这本书的内容实际上不比《密释纳》
易读。如果你从小就读呢？你就会慢慢习惯这样一种思维方
式，就会有意无意地去学习这种思辨。"它们确实读起来是
很困难的，"张平说，"它们对于我们来说困难，可能对犹
太人来说也不容易，这种教育的目的就是为了锻炼你的头
脑。犹太律法的这种影响渗透到了学习里面，学习又塑造了
这样的一个民族。"

现在越来越多的宗教向世俗社会转变，特拉维夫可能
过安息日的人也并不是很多，那么犹太律法的影响会不会
越来越弱呢？张平并不担心，犹太律法有一个很出色的地
方，它的这种传统教育不只是限于犹太会堂，它实际上是
通过自己的教育融入到了整个犹太生活里面去。犹太传统
中，过节除了吃喝玩乐，还有一本书犹太人过节的时候要
读一读，比如逾越节最典型的《逾越节传奇》，在以色列
每年过完逾越节以后都会做电话调查，看看有多少人读。
我查每年的数字都差不多，94%的家庭都在吃饭的时候读
《逾越节传奇》。是不是全读是另外一回事，但至少读饭前
那一版，不光是大人读，小孩也一块读。所以94%的人口
每年把这书读一遍，这种思维方式、价值观，以及这种传
统根的意识，都是从小就扎在你的意识里面，跟你信不信
教已经没有关系了。安息日晚餐餐桌上的提问、回答、对
话，它不是让你背诵，不是让你记忆，而是要激发你的思
维，让你去提出问题。有一次我和王石先生参加完一个教
授家的安息日晚餐，回去路上我和王石就非常感慨，犹太
教的价值观是"以教为宗"，是以教育为根本的，教育本
身可能就是一种信仰。

有了《密释纳》为什么还要有《塔木德》？

《密释纳》毕竟是《塔木德》的核心，为什么有了《密释纳》还要有《塔木德》？

原因就是它有一个发展的历史，这些经典最早都是口传的。特别是《密释纳》，有一群人能够把这些立法条文背诵下来，像个活字典一样，老师讲课的时候什么东西不记得就把他叫过来，因为他都记得。后来打了两次犹太罗马战争，犹太人的反罗马起义被镇压了，大量犹太人被杀，学校经常被打散，很多犹太老师都死了，传统就面临灭亡的危险，再靠口传的话，下一场灾难来了可能就什么都没了。于是他们就开始记录，最先记录简单一点的《密释纳》，相当于一个非常简练的版本。鉴于《密释纳》文本的专业性，一定得是专业人士才能看懂，因为它不给你解释，也没有铺垫，就凭空一句话都出来了，你只有很清楚那个上下文是什么关系才能看懂。从思维方式来说的话，就是我讲的是两套思维体系：一套是平行逻辑，一套是争辩逻辑。

平行逻辑就是《密释纳》，鼓励你提出不同的意见。但是它没有太多辩论，就是一个意见 a 和一个意见 b。在《密释纳》中，两种意见会不会产生交锋？也有，但是很少。平行逻辑的好处就是鼓励你产生不同意见，但是它有一个问题，光是东一个意见西一个意见没什么用处，最重要的是人类思想能发展，在不同的意见之间产生一种辩论的关系、一种交流的关系，这个最关键。

所以《塔木德》实际上是起到这样一个作用的，它发展出一套新的逻辑叫争辩逻辑。因此，《塔木德》的地位比

犹太人每周的学习晚会

《密释纳》更重要，尽管《密释纳》是一个桥梁性的文本，它是《塔木德》的核心。犹太的传统学习方式是禁止一个人学习，学习至少两个人，最好是三个人，有一个老师带两个学生，然后一边学习一边辩论。

张平教授说，他第一次接触《塔木德》是 1994 年底，他以前学的都是文学，所以刚到特拉维夫大学的时候想继续学文学，当时主要是对中国作家与获诺贝尔文学奖的犹太作家阿格农做比较研究。那年夏天，以色列大拉比 Adin Steinzaltz 找张老师翻译了《阿伯特》，在翻译完《阿伯特》之后，他改变研究方向开始研究犹太信仰。因为《阿伯特》是《塔木德》里面的异类，它的道德说教更接近中国的《论语》，所以他当时感觉它很重要。张老师的导师欧永福曾讲："你想研究这个很好，但是你现在知道的《阿伯特》不是《塔木德》，我来告诉你什么是《塔木德》。"他老师正好刚买了一整套新版的《塔木德》英译本放在家里，他就直接从书架上抽出一卷，就是"中门卷"的第一篇，这卷书跟中国的文科思维传统表达完全不一样，也跟张平教授当初已经翻译完的《阿波特》不是一回事，完全是另外一种思维方式。

《塔木德》一共 2711 页，"我读一页多就开始头疼"，张平教授大概读了 300 页到 400 页，他认为这本书穷其一生也不一定能读完。《塔木德》40 多册里面，若想读《塔木德》最精华的部分应该从它的中门卷开始读起，它是《塔木德·损害部》里边的，主要谈的是经济上的问题，英文是 *Bava Metzia*，内容讲"争大衣原则"。两个人手里边抓了一件大衣，一人说这件大衣全是我的，另一人说大衣全是他的，然后就讨论应该怎么裁决。中门卷大部分都是讨论这一类问题，这个是比较真实的犹太传统思维，《塔木德》不光讲思维方式问题，还有一个价值观问题，它的基本价值观是一种经济价值观，用商业和经济的眼光去判断这个社会制度。

只有聪明人才能做好人吗？

犹太教的价值观非常突出，学习被放在最高的地位。《阿伯特》（*Aboth*）据说是《塔木德》中最轻松的一部分，它讲到世界上有国王的王冠，但是学术的王冠比国王的王冠要荣耀得多，学习的价值超越了一般的价值。

犹太人的特点也在于把学习当作是一种智慧训练，想方设法把你教聪明，所以这一点跟其他的信仰系统有很大差

别，因为一般的信仰系统的立足点是我教你做个好人，但是
在犹太传统中，什么是好人呢？聪明人的前提是个好人。

我们传统的教育里面，早期的道家也好，法家也好，
晚一点儒家也好，都有反智传统。今天中国的教育里面经常
讲教书育人，把教书和育人这两个事对立起来，好像你学知
识就不一定会变成个好人，好人那套我得另外教你。犹太传
统不是这样，它把两个融合在一起，教书就是育人。

安息日晚餐

其实做好人是有门槛的，门槛就是智慧。如果没有智慧，做个烂好人，这个好人做不长的。

张平认为这一点非常重要。"二战"以后有一个犹太思想家叫阿伦特，她有一个很重要的观点叫做"平庸之恶"。就是说罪恶跟平庸这两者实际上是混在一块儿，平庸就是说没有脑子，你自己不去想，然后坏人来煽动你干什么事情你就跟人去干，最终导致像纳粹那样的恶行能够控制整个国家

希伯来文《塔木
德·节蛋卷》内页

或者控制整个社会，这是最可怕的。实际上阿伦特的思想也
是犹太传统思想衍生过来的，她是哲学家，是海德格尔的
学生。

张平教授认为，犹太学习模式对我们中国人或者说下
一代青少年的培养来说有很多地方是可以借鉴的。我国 40
多年的改革开放经济发展得很快，社会文明已经转型，不再
是以前的农耕文明，我们进入这样一个时代需要更多的高水
平人才，需要有更多的原创思维和更好的创造力，所以下一
代人或者下几代人怎样从为考试而学里面跳出来，变成为获
得智慧而学，变成一种创造力的培养，在中国实际上是一个
相当迫切的问题，但是这条路怎么走确实是个非常复杂的
难题。

张平教授正试图在我国的家庭中引入与犹太式学习类
似的实验，因为现在完全没有实施，所以不知道效果会怎
样。举一个很简单的例子，关于羞耻观。美国有个学者做

过一个研究，他观察记录家长跟 3~4 岁的孩子的相处模式。
假设一小时，在这一个小时之内，家长有多少次用羞耻观来
指导孩子。我们中国人在家庭中实际上用很多，孩子做错事
了，"羞不羞？""你怎么不害臊啊？"这样的话说了很多。
中国家长用大量的这种羞耻观去指导孩子，然后他记录美国
的家长时就发现，而美国的家长很少用羞耻观指导孩子。有
些东西确实跟羞耻观有关系，但是中国的传统里边把羞耻观
给扩大化了，什么事情都扯到你害臊不害臊的问题，然后
就造成一个问题，孩子把犯错误跟"耻辱"两字扯到一块。
从人的创造力来说是极为不利的，创造是需要提出新的看
法，而提出新的看法肯定要犯错误。

16 世纪的希伯来文
《密释纳》

阿维·施罗德

（Avi Schroeder）

生于正统犹太家庭，在麻省理工学院攻读完博士后回到以色列，在海法理工大学化学系任教，专精脂质体递送技术，是「以色列总统青年科学家圆桌会议」成员，和妻子哈达斯育有5个孩子。

Avi Sc

安息日与成人礼的
功能是什么？

受访者 / 阿维·施罗德

roeder

今天的课是犹太新年的第一课，关键词就是创造（create）。

——阿维·施罗德

安息日为什么要休息？

心空下来，才有真正的创造力。

根据当代脑科学研究，头脑没有放空就无法创造。安息日可能是犹太民族创新基因最大的制度保障。

安息日——正宗犹太人的检测"金标准"，是否守安息日就能看出这个人是否正统、是否遵循犹太律法。安息日的休息对犹太人来说具有神圣的意义，每七天就偷得浮生一日闲。不但主人休息，佣人也休息，连牲口也要休息，汽车家电都有此"享受"，电梯不能按，电灯不许开。安息日别说不能工作，连做饭都不允许，要吃头一天提前备好的饭。就像我们过年，每个周五下午仿佛是大年三十下午，犹太社区大街上关门关灯，每个行人都奔向一个目标——家。中国人认为一日之际在于晨，早晨是一天的开始，犹太人却把日落黄昏作为新一天的开始。安息日即是从周五太阳落山到周六日落时分，所以周五日落后的晚餐就是安息日晚餐，相当于年夜饭，宣布安息日的开始，具有格外重大的意义。咱们一年过一个年三十，一年吃一回年夜饭，犹太人可是一年过 52 回"年"，吃 52 回"年夜饭"。在以色列期间，我也

爸爸在餐前亲吻祝
福每个孩子

入乡随俗吃过许多回"年夜饭"了，有反复念唱讨论直达深夜的高大上年夜饭；也有匆匆走过场念叨两句就开造的简餐。要说高中低档都见过世面了，可是不变的是团聚，家人围坐，邻里相聚，有朋自远方来，不亦乐乎。

犹太人不但有安息日，还有安息年。每隔7年，按照犹太律法土地要休耕1年，苹果树虽然不能休息，但是主人不能采摘，只有路人和流民可以拾荒。现代欧美大学教授享受每7年休一年的学术假期就是来源于安息年制度，学术休假制度（sabbtical）这个词就来源于"安息日的"（sabbatical）这个词。

在耶路撒冷圣殿被毁后，犹太教就失去了信仰活动的

空间，散落在世界各地的犹太人无不思考着"如何才能不忘初心"这一问题。用时间来标记信仰，安息日就成了永远不再毁灭的圣殿。这一天，无论大人孩子，天大的事都要放下，去学习、思考和讨论律法，就像每晚七点新闻联播一样准时开始安息日学习，雷打不动，并且一学就是两千年。想象一下，两千年前，那是农业社会，农民兄弟每七天就要一整天搞不打粮食的"信仰学习"，那多耽误地里的收成啊，实在是划不来啊！可就是这样的读书、识字、学习和讨论的习惯，不为升官发财中状元，就为学问而学，坚持两千年，就成了民族文化的 DNA，也融入了这个民族的生物遗传 DNA。当人类文明从传统走向现代，城市化兴起，文官、学者、律师、会计、经理等角色走上历史舞台，犹太人在停牌两千年后一下子涌入城市成为了城市文明的承载者，也终于享受到了学习带来的硕果。这500年不讲效益的学习活动，带来犹太民族其后千秋万代的经济效益。

安息日晚餐除了晚餐还有什么学习功能？

我和王石先生曾去海法理工大学正统犹太教徒阿维教授家过安息日，这一天每个人都穿上最漂亮的衣服，先去教堂做安息日的祷告，晚饭前爸爸亲吻每一个孩子并一一祝福他们。然后洗手、吃面包，之后就可以交谈了。吃喝和祈祷大概占 20%，剩下 80% 的时间主要是学习讨论。

阿维的父母知道有朋自远方来，特地送来两瓶他们最喜欢的以色列本地葡萄酒给我们喝。这一周正是犹太新年的开始，他们开始学习《创世记》。阿维告诉我们，今天的课是犹太新年的第一课，关键词就是创造（create）。创造的第一天，创造了光。光出现后，接下来进入创造万物的那六天，整个太阳系是在第四天创造的。所以第一天说的光不是太阳光、不是月光，也不是星光，它不是任何物质发射的光，我们所认识的这个世界的光是第四天创造的，这是物理意义上的光，第一天的光在犹太文化中被认为是智慧之光，类似于道德经中的道，道生一，一生二，二生三，三生万物。

所以，犹太人对创造个新东西很有情结。

那次安息日晚餐，讨论就在觥筹交错间展开了。阿维教授从上周在特拉维夫大学讨论的课题，谈起"世界是如何被创造的"这个问题。阿维教授说："小时候读书，在学校

我们都说世界是亘古不变的。但是我时常在想，到底世界是从一个点开始的，还是世界无时永存的。"接着阿维开始引导 17 岁的大儿子查尔斯讲讲他学过的进化论，查尔斯非常英俊，也很善于表达，他说达尔文解释了生命的由来，"首先，它开始于细小的脱氧核糖核酸，进化成基因，再进化成植物和生物，而后进化成哺乳动物，最终进化成我们人类。环境改变了我们，我们人类也为适应环境而做出了改变。这也就是为什么今天我们看起来都不太一样，为什么亚洲人和中东人或者欧洲人看起来都不一样，这是因为他们通过进化去适应了不同的气候和环境。"

　　阿维问了查尔斯一个很重要的问题："你们觉得狗和猴这些哺乳动物与人有什么区别？"查尔斯说："动物只有本能，可以吃喝，也有情绪，但都是基于本能的心理活动。可

王石先生应邀参加阿维教授家的安息日晚餐

人类有思考能力，人可以做数学，学经济学，人可以控制本能和情绪。"阿维解释说："人类和猴子在构造上有很大不同，大脑和躯干的连接点在颈椎，猴脑和身体的连接点在背的中部，因为猴是四肢行走，脑子要时常前后左右晃动，而人已经直立行走了，头已经立起来了。这是人和猴子的重大区别，人从此可以创造更大的成就，可以征服世界。"阿维教授接着把问题引向深水区，他开始问创造的顺序，即为何先创造鱼，接着是鸟，然后依次又是爬行动物、哺乳动物，最后才创造人，为什么不是反过来呢？家里每个孩子都要举手发言，5 岁的孩子也举手，不让他说还生气。每个人都发言之后，阿维教授总结说他之前参加了一次讨论会，突然发现达尔文的进化论就是这个顺序，达尔文科学的进化论就是先从鱼到鸟，到爬行动物，到哺乳动物，再到人。这说明什么呢——达尔文发现了上帝创造物种的轨迹。这是巧合吗？接着就是一整晚的争论。

　　这个问题讨论期间，我提起有一件很有趣的事，最近我采访了两位诺贝尔奖得主，问了他们同一个问题：神奇的 DNA 是如何创造出来的？一位受访者是不信教的教授罗杰，说是进化创造的，即经过亿万次的试验、亿万次的选择和评价，最后在 30 纳米的大小里集聚了 30 亿对碱基的信息，包含了生命的全部密码，这是科学家的答案。另一位是教授 Robert Omann，他是正统的犹太教徒，是博弈论的提出者之一。我很想看看 Robert 如何回答这个难题，就先把 Roger 的回答提前告诉了他，他站起身在窗边站了一会儿，转身机智地说："如果上帝想制作一张桌子，他会用铁锤和钉子，上帝正是借进化之锤创造了人类。"这个 Robert 教授太聪明了！

成人礼是毕业典礼吗？

犹太男孩的成人礼，在 13 岁生日，这一天也是他的毕业典礼，此后他就有资格为人父了。

2000 年前的规矩是，孩子能骑在父亲肩头的时候就要去圣殿山朝圣。一个可以当爸爸的成年人必须能够教孩子读书，13 岁男孩儿的成人礼上，独自诵读《圣经》是他们长大成人的标志。阿维教授家为老三纳维（Naveh）举办成人礼，全家族亲朋好友都来同庆，成人礼在最神圣的圣殿山的遗址——哭墙下举办。

阿维教授的家族有 30 多人，一大清早大家就都到齐了，聚集在哭墙下，一个专门为家庭举办活动的 VIP 露台。纳维的奶奶芭芭拉尤其激动，特意来到耶路撒冷参加小孙子纳维的成年礼。我问纳维的爷爷是否记得自己的成人礼，老爷子说："当然记得，没有犹太人会忘记自己的成人礼。"

纳维的父亲阿维告诉我，今天纳维戴着的是早已准备好的经文匣。纳维用左手写字，但他戴的是右手臂的经文匣，所以他需要把经文匣系在他的右手臂。阿维自己也用左手写字，所以他也把他的经文匣系在自己的右手臂。在外孙的成人礼上，纳维的姥爷也在戴自己的经文匣，个个动作都很娴熟。经文匣绑好之后，就请出羊皮卷，于是纳维开始选择其中一段开始朗读，大家跟着他一起朗读为他祝福。记着，是朗读，不是背诵，如果是中国人的传统仪式，应该是要孩子背十首唐诗。

纳维的母亲很开心，她告诉我这是个非常令人难忘的时刻，平时在哭墙祈祷时男女是分开的，她们全家不能在一

纳维的成人礼

起，而只有举办成人礼的家庭才能在我们当时所在的区域一起举行庆祝活动，所以今天他们一家人可以在一起很难得。

　　纳维的奶奶是哈达萨医院的公关部部长，善于表达，是这个大活动的发言人。她说："这是一场非常特殊的盛会。我们现在就在这里，一个非常神圣的地方，世界各地的犹太人都来此地膜拜，而我们就在这里，在当地。对我们来说这确确实实是我们的梦想，梦想成真了。能够来到这里，我们非常地激动与兴奋，这是一场美好的家庭集会，也是在耶路撒冷度过的美好一天。"

　　纳维的奶奶在正式的祝词中说道："我们小时候并不知道有以色列这个国家，我们不知道会在哭墙举办成人礼，在我们的学校里，我们每天都会进行所谓的'宣誓效忠'，我们就像这样，向国旗'宣誓效忠'。在此，我由衷地祝福你。你知道吗，在不久的将来，你会组建家庭，成为一个家庭的核心成员，你将创造一个属于你的、和谐温暖的地方。不过，这需要你的天赋，仅仅做到平和还是远远不够的。你需要一个好的心态，需要具备团队协作的思维模式，还要能够统领全局，观察到事物的发展与变化，你还需要认识到什么是正在发生的事、什么是你想做的事，做到二者间的平衡。不过，所有这些都是你所具备的优点，作为家里 5 个兄妹排行中间的孩子，你应该已经学会了怎样去平衡一切。纳维，你的性格也非常好，我们每天都在观察你的成长，作为家中的一员，我为你感到自豪，作为你的奶奶，我为你感到骄傲。"

纳维的父亲第二个发言："我必须要说的是，你是个非常虔诚的孩子，圣明的上帝让我们能够为自己的孩子选择正确的名字，Naveh Israel Shroeder（孩子全名），我想说我们不可能找到一个比 Naveh 更适合你的名字了，因为这个名字可以真实反映你是个怎样的人。名字的第一部分，Naveh，我们今天早上去了第二圣殿的遗址（即哭墙），这是属于我们的第二圣殿遗址，这个名字表达了人对这个地方的爱。纳维热爱以色列民族，不过那是名字的第二部分了。这个名字的第二部分，Israel 代表了人对朋友的爱。纳维也确实是这样一个孩子，他很出色，他热爱以色列。这个名字将人与地方相连，将人与周围社会与朋友相连，这个名字反映了你的个人特点。我们非常有幸能够养育你这样的儿子，我也祝愿我们能够同你度过长久且美好快乐的时光。"

纳维的二哥阿隆对弟弟说："我亲爱的兄弟纳维，这一年你经历了许多变化。首先，你小学毕业，进入了初中，我们一起学习；其次，你马上就要 13 岁了，你将要变得更加成熟，对自己更负有责任感；最后，你也将像我们一样通过遵守诫命和放置经文匣来证明这些，我祝愿你能够享受经文匣这一诫命，你能够感受到这一诫命会帮助你祈祷，使你对自身更加满意，作为你的二哥，我认为你是个严肃认真和富有责任感的少年，你喜欢帮助他人，对于你现在拥有的一切，我表示十分高兴。请你继续保持现在的样子，做一个友好的人。我的兄弟纳维，我们住在同一屋檐下，我们几乎了解对方的一切，我喜欢跟你一起踢足球，喜欢跟你一块练空手道，我祝愿你有源源不断的好运气。你的兄弟，阿隆。"

亲友们挨个发言祝福，一个上午时间很快过去，和纳维合影拥抱告别之后，我一个人心湿湿地走回耶路撒冷老城的住地。我很有幸被阿维教授当成家人，参加家族的这个大活动。每一个有过终生难忘成人礼的少年应该比那些没有过这个经历的孩子多一份财富，也多一份温暖，多一份成人的责任。望着千年的城墙，我问自己，我的父亲怎么没有给我办过成人礼？我也当父亲了，是不是要给孩子办个成人礼？是不是告诉13岁的儿子和12岁的女儿，你们生理上已经可以为人父母，但是，只有你们可以教孩子读书了，你们才是持证上岗的成年人。

格洛丽亚·克莱默

（Gloria Krammer）

1936 年出生在加利福尼亚州的洛杉矶。19 岁出嫁。1975 年来到以色列之前先后住在纽约和芝加哥，最终决定带着整个家庭参与到建设现代以色列这个国家的冒险中来。截至目前，她有 5 个儿女，38 个孙辈和 60 多个曾孙。

Gloria

多孩家庭该
如何养育？

受访者 / 格洛丽亚·克莱默（犹太超大家庭家长）

父母才是真正的问题。你并没有训练你的孩子去适应人生。但总有人会伤害他的感情，总有人会侮辱他，总有女孩会拒绝他，他的老师也会生他的气，没有逆境的人生就不是真正的人生。他们自己必须为生活做好准备。

——格洛丽亚·克莱默

我很高兴能与格洛丽亚对话。格洛丽亚，一位 85 岁依然风姿绰约的犹太奶奶，出生于好莱坞，20 岁生下第一个娃，接着二三四五个，她的儿辈有 5 个孩子：3 个女孩，两个男孩。最大的儿子 65 岁，最小的女儿 45 岁。她有 38 个孙辈，最大的孙女 40 岁，最小的孙女才两岁半。还有 60 多个曾孙，最大的 19 岁，最小的我和格洛丽亚见面时才出生一个星期。她们家总是有新出生的孩子，她能够记住大多数孩子的名字。每当一个孩子出生，她都得消化一下，她得记下孩子的名字是什么，要反复念叨几遍。这就是她整个家族的族谱了，她希望有一天能在直升机上给他们全家拍张全家福！如此庞大的家庭该如何管理和教育？这会让我们这个独生子女横行的社会掉下眼泪和下巴。在我们采访的摄影机停下以后，她告诉我孩子是父母和上帝三个人一起养育的。

妈妈生这么多孩子的动力是什么？

如果你到过以色列，就会感受到妈妈们很爱自己的孩子，也爱别人的孩子，在这里喜欢孩子是一种文化。就家庭而言，要不要生很多孩子是由夫妇自己决定的。这既不是生

格洛丽亚在家中接受采访

命的内在动力，也不是来自家庭的任何压力。如果不出意外，她们就能生很多孩子，也许在极个别情况下会因为家庭的压力而生孩子，她们生孩子只是因为他们想要孩子。

在中国，跟格洛丽亚同一辈的人以前也生很多孩子。但年轻一代因为城市化，生的孩子就很少了，普遍也就是一两个。像我这样生了 3 个孩子的情况都算少。那她的孙辈为什么还要生那么多孩子呢？

她说那是因为他们长在一个快乐的家庭，他们看到兄弟姐妹们在一起是非常快乐的。她丈夫是他们家唯一的孩

子，他就说作为家里唯一的孩子真的非常孤独，他总是在寻
找朋友，因为家里没有朋友。兄弟姐妹不必每个人的关系都
特别亲密，因为在众多孩子里，他们自己会去配对，这是一
种家庭动力学。她没听说过有谁是因为家里面的压力才生孩
子的，尤其是她孩子们这一代，没有这样的情况。她说去中
国的时候，遇到了一件让她很吃惊的事，有一个年轻的女
性，是大巴上的导游，她说自己和丈夫决定不生小孩。因为
她有一个兄弟，并且已经有一个孩子了，她父母就已经有一
个孙子了，这已经足够了。格洛丽亚很吃惊，她觉得中国人
的想法跟她们真不一样！

这么多孩子怎么抚养？

格洛丽亚的一个女儿有 11 个孩子，他们两口子都要工
作。她是位英语老师，虽然一星期工作很多天，但当老师的
话可以经常待在家里跟孩子们在一起。而且在以色列有一个
很慷慨的制度，如果你有孩子的话，每年可以有三个月的带
薪假，现在又多了三个星期，所以现在最少有三个月加三个
星期。他们有足够的食物，也不会去高价商场购物，他们只
去能消费得起的商店。他们很健康，孩子们也很快乐，这是
两个基本要素。以色列支持国民生孩子，而且每个月每个孩
子都能得到补助，虽然只有 500 美元。

但是格洛丽亚却没有得到过补助。她在以色列 45 年了，
政府有补助政策时她的孩子们已经很大了，除了小女儿还
小，但其他孩子因为年纪都已经太大而无法拿到补助了。不
过对他们没什么影响，就算没拿补助他们自己也负担得起，

格洛丽亚家的全家福

但对负担不起的人来说就特别有帮助。他们不经常买新衣服，他们会到一个叫做 Gemacht 的地方购物。在那里，人们从美国寄衣物过来，把衣服低价卖给孩子们。有一次她在美国，去 GAP 买了一大行李箱的衣服，她自己还挺高兴，因为很合算，她把这些衣服寄给那个有 11 个孩子的女儿。第二天女儿给她打电话说别浪费钱了，她问什么意思，因为她买得很合算，30 美元的毛衫只卖两美元，罩衫才半美元。女儿说：她们去 Gemacht，花一两个谢克尔就能买到所有需要的东西。

Gemacht，这里的衣服是从富人那里来的捐献。假如你不想再穿你的衣服，但觉得这件衬衣还挺好的，那就把它洗了叠好送给其他人。Gemacht 就是这么为有许多孩子又没什么钱的年轻夫妇运作的。他们挣的钱够花，但他们得为孩子婚礼和家族活动存钱，所以他们没有多余的钱。你需要什么就去集体那里借来用，然后再送回去，付一点点钱就能得到很多。

有一点和中国很像，房产在以色列非常昂贵。对有 11 个孩子的人来说，最大的开销是买一间公寓。所以他们的父母必须帮他们。从孩子出生起，父母几乎就要一直努力存钱，这就是他们不住在市中心的原因。只有更有钱的人才能住在市中心，不太有钱的人只能在新开发的地区买公寓。

在中国，往往一个孩子也需要祖父母辈 4 个人、父母两个人，总共 6 个人轮流照看，每个人依然都很累，为了照看 1 个孩子，每个人都十分忙碌。在以色列，父母两个人要照看 11 个孩子，无法想象他们是怎么一起照顾这么多孩子的。

我走访了多个家庭，也了解过不同的家庭如何照料孩

子。在有 11 个孩子的家庭中，只有生前 5 个孩子的时候很
累，但在那之后就有帮手了，当这些孩子长大，就能帮忙照
顾更小的孩子，这就是家庭动力学。格洛丽亚的小女儿四五
岁的时候跟她说："我想要小孩！"她跟女儿说："你自己
就是小孩呢！"那时候她已经有个外孙女了，她让女儿把外
甥女当成她的小孩，她女儿说："不！我要自己的小孩！"
为什么她会说这样的话？因为她邻居的那些小朋友们都有弟
弟妹妹要照看。在这里你可以看到 6 岁的孩子牵着 3 岁孩子
的手走在街上，你可能会问："妈妈在哪儿？"妈妈让 6 岁
的带着 3 岁的去买东西，他们非常独立。这也是家长刻意教
导孩子要学会的本领。

　　大一点的小孩会为照顾弟弟妹妹而感到骄傲。一个婴儿
出生的时候家里谁最嫉妒？上一个出生的孩子会是嫉妒的那
个，因为其他孩子已经习惯了。我和格洛丽亚说，在中国，
我们常看到若父母想再生一个小孩时需要征得老大的同意。
她非常吃惊地问我："真的吗？真让人吃惊，谁真的会去问
一个孩子？"

　　我们总觉得如果不征询孩子意见的话，他会感觉受到
了伤害。

　　格洛丽亚认为也许父母才是真正的问题。你并没有训练
你的孩子去适应人生，因为总有人会伤害你的感情，总有人
会侮辱你，总有女孩会拒绝你，你的老师也会生你的气，没
有逆境的人生就不是真正的人生。孩子们一起在家里就能学
会如何一同生活。他们会学会如何分享，会知道有人会不喜
欢你，有人会惹你生气，他们自己也会惹其他人生气。孩子
们会更了解他们要应对的现实生活是什么样的，他们自己必

须为生活做好准备。不然我们要怎么让这些孩子准备面对外面的世界？因为在家里面当然非常舒适。她无法想象六个大人盯着一个孩子的画面，会给那个孩子多大压力！

在大家庭里面，每个孩子都能学会如何应对外部世界的困难。

每个家就像是外面世界的一个小宇宙。假如你生在一个大家庭中，除了爸爸妈妈还有一堆兄弟姐妹，从小在人群中的磨合历练让你准备好面对其他人。若只有一个小孩，在家里是个宝，当他走出家门儿就不是宝贝了。这也是中国社会现存的一个问题。独生子女一代已经长大了，也都三十多岁了，他们面对的是一个不同的世界，他们不是"小皇帝"了。他们怎么走出家门面对现实？他们肯定遇到不少压力。即便独生子女受到更多的关爱，但最重要的是要训练孩子不要自私，家长应该训练孩子不只是接受，还要给予。格洛丽亚总是跟她的孩子说，给予比接受更快乐。

这让我想起一个真实的笑话。我有位好朋友是个大学教授，一天他向我抱怨道："太生气了，我生我孩子的气。昨天晚上我跟爱人讨论要花一些钱，我的孩子说他很大方的，让我们别在意，花多少都可以。"我问："为什么你要说你很大方？"结果我儿子说："你们死了之后所有这些就都是我的啊！"朋友直呼："天啊！我要把财产都捐了！"

犹太人有本书叫《传道书》，据说是所罗门王写的，就是关于这个主题：你一生忙碌，所欲甚多，到头还是一场空；你所有追求的、积攒的东西，最终都会化为乌有……我想这不只是父母的悲剧，也是孩子的悲剧。他根本没有创业的想法，只是想享受生活。

犹太父母会惩罚孩子吗?

也许每个家庭都不一样。格洛丽亚的一个孙女家里，父母去睡觉了，孩子们还在那儿到处跑，父母也不管，他们说:"孩子玩累了自己就去睡了啊。"他们不想为这个问题跟孩子们闹。格洛丽亚不一样，她当年规定晚上 7 点孩子们就要去睡，早上 6 点会叫他们起床。她让孩子们去睡，他们就得去睡! 她会给他们读故事、吻他们、跟他们说晚安，然后关灯……总之要躺床上去。但她那个孙女不跟孩子坐在一起讲故事，于是孩子们就到处跑，跑到 10 点甚至 11 点。倘若那个时间给他们打电话的话还能听见孩子们在闹。这就是晚辈新的管理方式，但他们的孩子也很快乐 。

当然，对于不礼貌行为，最好的解决方法是必须规定哪些是错误的行为。有时孩子只是喊叫、跺脚、生气，这时候要么随他们去，要么分散他们的注意力，因为你斗不过他们! 你可以问问他们为什么不高兴，出了什么事。格洛丽亚认为大部分孩子都挺好的，她不会替孩子判断对错，比如谁先说的，谁干了这个，因为这就是家里的事。她以前总是说:"好吧，如果你们还打架，两人都要挨罚。"比如，不能看电视。她教育小孩的时候容易得多，但现在有手机，有那么多特权，她们那时候没这么多特权。比如，以前可以通过不能和朋友们一起去看电影这样简单的事情惩罚孩子。但现在就没那么简单了，在许多大家庭里面你成天都要当个裁判，判决这件事本身就非常危险，因为关键是你要严格规定什么能做什么不能做。比如不能乱跑，不能喊叫，不能乞求，不能申诉。而且你不能改变决定，因为一旦孩子知道你说一不二，你就是赢家，否则他们就会翻天。有时候这会很困难，但夫妻必须得团队协作。

她带孩子的时候，她的丈夫早上出去上班，下午五六点钟回来后全家坐在一起吃晚饭。现在生活不再是那样了，爸爸要非常辛苦地工作，没有固定的工作时间，妈妈也得要工作。现在父亲在家也很重要，特别是在以色列，因为很多事情都需要父亲。以前她们总是说："等你爸回来，到时候就有你好看的了！到时候会告诉父亲，到时候……"父亲是有权威的。但今天更多是共同分担。许多时候，比如孩子咬了、抓了其他孩子，打了父母，他们绝不容忍。格洛丽亚说，如果你不想让孩子打到你，你就该抓住他们的手，把他们关到房间里，他们就会知道这是不得了的事情。

放任小事，就会出大事。

母亲在家庭教育中是什么角色？

以前妈妈总是跟孩子在一起，所以要扮演虎妈。现在妈妈也要去工作，孩子去上学，一间屋子里一个阿姨照看 5 个孩子，孩子一天之中都是在跟别的孩子互动，他们回到家的时候就想要跟妈妈在一起。有时候妈妈忙着做饭、打电话或给其他孩子讲故事，这项工作不简单，母亲可以说是一个家的 CEO，而父亲是 CFO。

妈妈也会鼓励孩子问问题。在中国的时候我就听到一个有名的故事，说一位诺贝尔奖得主，有一位很有智慧的母亲，小时候每当他从学校回家，他母亲从来不问他是不是得了一百分，而是问："你今天提了好问题没有？"

作者在格洛丽亚家中

以色列的小孩很喜欢问问题，观察今天的以色列家庭，父母会带孩子出门到大自然中去边玩边问，父母会跟孩子讲解和讨论。格洛丽亚对孩子们说："你们要做的不是变成没有个性的小机器人。"父母要做的是让每个孩子尽可能挖掘自己的潜力。所以必须承认对这个孩子好的并不一定对那个孩子好，要承认个体差异。有些孩子可能更聪明，或者他们想得更多，感受更多。如果父母能够判断每个孩子的不同需求，那么他们可以说是相当明智的了。

我问过格洛丽亚一个问题：为什么要从美国回到以色列来？那时候美国就像天堂一样。

她认为这是两千年来第一次有一个犹太人的国家，犹太人的政府。哈斯蒙尼王朝曾统治过一段时间，有 80 年左右，那时候犹太人有自己的政府，后来被罗马人占领了。公元 132—135 年间有一次不成功的小复兴。所以这是两千年来他们第一次有一个犹太国家。他们想成为这个发展、开拓、繁衍的奇迹般的事业的一部分，所以就把全家都带来了，她很庆幸当初做出这个决定。

瓦洛里·埃德尔
（Valerie Adle）

出生于南非，毕业于希伯来大学艺术史专业。她是位画家，分别在伦敦、意大利和以色列展出过画作。

Valeri

虎妈可以
决定一切吗？

受访者 ／ 瓦洛里·埃德尔（画家）

依赖祖父母照顾不是很健康，因为这样剥夺了孩子的责任，同时，也长期剥夺了祖父母自己接受继续教育和安享生活的权利，这意味着祖父母把注意力放在孙辈身上，而不是做他该做的事。

——瓦洛里·埃德尔

耶路撒冷老城外，Yemin Moshe 是最早兴建的犹太小区，也是距离老城最近的小区，斜坡最高处是 70 岁的肖像画家瓦洛里·埃德尔的家。热心的埃德尔夫妇经常邀请我去家里吃安息日晚餐，和他们一起参加以家庭为单位的学习活动。70 岁的她好像 17 岁一般热情地探寻着人生，她的先生阿伦会骄傲地站在自家阳台上说："这里是风景最美的阳台，全世界最美，没有之一。"

母亲可以决定孩子的信仰吗?

瓦洛里·埃德尔第一次婚姻所生的孩子们都接受了非常正统的犹太教育。如同所有信仰犹太教的家庭一样，母亲和父亲会共同决定孩子上哪一类学校。他们拥有四个孩子，虽然都去了一所宗教学校上学，但他们的归宿却截然不同。其中只有一个定居在耶路撒冷，名叫肖恩，是个律师。肖恩很有学问，每天早上 5 点和晚上都在学习犹太经典。她的另一个儿子是极端正统派，是反政府的。极端正统社区大约只有 75 户，虽然规模很小，力量却很强大，他们认为，以色列应该只为犹太教徒而存在。另外两个儿子和肖恩一样都是

瓦洛里·埃德尔在家中接受采访

有信仰的，他们两年前就去了纽约。第二次婚姻所生的女儿阿鲁西卡和她一样信仰笃深，而儿子杰伊是世俗派，遵循着传统的犹太安息日，但感觉没有完全融入正统犹太生活。

瓦洛里觉得在以色列长大的孩子和在国外长大的孩子是截然不同的。在英国犹太全日制学校读书的孩子也接受了非常正统的犹太教育，但跟以色列学校的教育关注点有所不同——这里更聚焦于质疑精神。不仅在家中，在社会中，所有人都会被鼓励去提问、去质疑，无论是什么问题。同样，她也鼓励孩子们去做出自己的选择。以色列的社会就是这样。同样是犹太学校，以色列的犹太学校和英国的会很不一样：英国的犹太学校非常传统正派，简单地说，就是规矩很重；在以色列，没有规矩，每个人都在现代环境下野蛮生长。到了 18 岁，孩子们在服兵役时甚至要自己决定在什么情况下可以开枪杀人，或者决定是否按下发射导弹的按钮。当然，他们也可以决定是否信教。瓦洛里说，若她的孩子没有信仰的话她会难过。她认为那些没有信仰的人不管是犹太人还是其他民族的人，都错过了精神上的指引。如果你有一个精神指引，那么你在精神上会是非常富有的。

外婆为什么不该照看孙子？

瓦洛里也是人们常说的虎妈，对孩子的教育特别严厉。但她认为，信仰是由一个人自己决定的，而不是你和你父母之间的事，因为孩子只留给父母一段时间。父母把孩子带到 7 岁，从 7 岁到 12 岁或 13 岁经历了成人礼，他们就必须自己做决定，然后他们就属于上帝，不再属于父母了。

　　瓦洛里也时常跟孩子们讲一些人生的哲理。例如，告诉孩子们，人生中没有绝对正确的事物。A 也许是对的，B 也许是对的，A 和 B 也许都是对的。当然，在犹太律法里，这是一个非常简单的平行逻辑。中国的禅宗也讲没有绝对的真理，没有绝对的错误，只有对现实世界的不同思考方式。

　　在南非、在英国、在美国、在极端正统教或现代正统教社区的犹太人，家庭是核心，对非犹太人则不然。大多数西方人，他们只有感恩节、圣诞节。感恩节几乎只是打个电话问候一下父母。关于照顾年迈的父母，这是一个更大的问题。瓦洛里说，在正统犹太的世界里，年老的父母是要被孝敬的。他们所接受的教育告诉他们必须这样做，这也是他们想做的事情。即使世俗犹太人，也认为孝敬父母很重要。这一点和我们中华民族的传统美德如出一辙。

　　在中国传统家庭里，更多的是父亲教育孩子，母亲照顾孩子的生活。在今天的以色列，绝对不是这样的。父母的角色是平等的，在教育方面，也是平分秋色，也扮演着一样的角色。无论给他们上课或者阅读，父母必须做一个榜样。埃德尔家是这样的：每天祈祷、每周六去犹太会堂，父亲也要这样做。只有在儿女们需要的时候祖父母才能参与到儿女生活中。瓦洛里的母亲是极端正统的犹太教徒，做事非常认真，也受过良好的教育。她总是说外婆不是保姆，外婆也需要有自己的学习时间。瓦洛里想让母亲照看孙辈的话，得把孙辈们送到外婆家，因为外婆只会在她自己的家里帮忙照看孙辈。同样，瓦洛里的孩子若请她照看孙辈，那孙辈们得到她家里来。在犹太教中，这是"Chut Hameshulash"，就像一个三角形，她们相信"Chut Hameshulash"就是子女、父母与信仰之间的传递关系：孩子必须主动去到父母面前，父母必须主动来到信仰面前。

我采访过一位有 8 个孩子的妈妈，她们家没有雇保姆，因为大孩子就是小孩子的保姆。五六岁的孩子要学会照顾四岁的孩子，而七八岁的孩子得照顾五六岁的，10 岁的照顾七八岁的，这就是他们受教育的方式。

当年瓦洛里在医院工作，每周有一天在急诊室出诊，这份工作持续了近 30 年，一起工作的很多护士和她一样家有好几个孩子，但她们从早到晚都在工作，她们又能培养好一个孩子，将孩子带到 7 岁，教给他们价值观和规矩。7 岁以后，他们可以自理并照顾弟弟妹妹们。依赖祖父母照顾不是很健康的一种方式，因为这样剥夺了孩子的责任，同时，也长期剥夺了祖父母自己接受继续教育和安享生活的权利。因为祖父母一旦把注意力放在孙辈身上，就没有时间和精力去做他们该做的事。

虽然以色列这个国家的高中教育基础非常的薄弱，经济合作（OECD）组织的一些调查显示，以色列的学生成绩并不突出，但这似乎不要紧。孩子的基因决定了他们能后来者居上，他们能用 3 个月的时间完成四年的课程；他们上了 3 个月的短期大学就可以通过物理、数学和任何他们想要的考试。当然，重要的是他们上了大学以后的表现。可以肯定的是，这里上大学的比例高于英国。这是以色列拥有最多的诺贝尔奖得主的一方面因素，也就是说，以色列人口只占世界人口的 0.2%，而诺贝尔奖获奖者却高达 20%。但是与此同时，普通民众受到的教育就偏弱一些。瓦洛里也说，以色列有非常杰出的科学精英，但同时大多数以色列人没有受过很好的教育，在我看来据我的感觉，在以色列，"高科技"很高，"低科技"很低。因为低技术含量的行业是与服务业相关的，而高科技是一个完全不同的领域。当让技术人员来维修一些东西的时候，当要求别人帮你接通互联网时，当在酒店登记入住时，在机场办理登机手续时，效率非常低。以色列的服务业，当涉及像餐厅、机场登机服务时，可能是和那些来自摩洛哥、阿尔及利亚、埃塞俄比亚的犹太人打交道。由于他们来自不同的文化，服务质量和效率千差万别。瓦洛里坦白地承认，以色列不是那么完美，他们还有很长的路要走，因为这是一个多元化国家。但是说到教育，看看全球高科技产业的发展情况，就知道以色列在高技术、医学的发展这方面的发达程度，这属于不同的领域。她告诉我，以色列诺贝尔奖得主、普通民众和服务业从业者是三个独立的社群。

10 Noam Shoval
11 Mem Dryan Berns
12 Yoav Attias
13 Elisha Hass
14 Amit Meir
15 Edam
16 Noomi Lifshitz
17 Shmuli Bing
18 Roy Bar Iian

in

下篇 ——————————

学校、社会与家庭教育

诺姆·肖瓦尔
(Noam Shoval)

希伯来大学地理系教授，罗思伯格国际学院教务长。同时也是城市地理和规划、城市旅游以及城市研究、旅游和医学中有用的先进跟踪技术的开发和实施方面的专家。

Noam

大学生为什么
喜欢向教授提问？

受访者 / 诺姆·肖瓦尔（希伯来大学地理系教授）

Shoval

最重要的是鼓励提问，鼓励你不去接受现成答案，因为这些是冷饭。挑战在犹太人的学习中是很普遍的。提问、挑战，提出不同的解决方案，不接受教条。别人说什么你就信什么，没门儿！

——诺姆·肖瓦尔

著名英国教育家怀特海认为，大学是一个激发想象力的地方，大学存在的原因是让年轻的学生和年长的教授在学习中联合起来，从而将汲取知识与热爱生命联系起来。

我和希伯来大学的政治地理学教授诺姆·沙沃（Noam Shoval）在北京首都机场第一次握手。飞往以色列的航班上我们一路狂聊，从犹太民族的历史、文化到教育和创新，其中收获占我在以色列全部所学的一半。他善于"think out of books"，跳出固有思维去思考，是我遇到的最睿智的当代犹太学者，没有之一。

诺姆教授兼任希伯来大学的国际学院院长，和中国多所大学的交流非常频繁，他非常喜欢中国，一度想要到中国来做教授。他身为以色列当代教育的"优秀作品"，也接触到中国教育模式下学生的优越之处，如何把以色列教育中的"提问"和"质疑"和中国教育的"勤奋"与"纪律"相结合，是他感兴趣的研究课题。

向教授提问，才能成为教授吗?

以色列 IDC 大学经济系的主任茨维·埃克斯坦（Zvi

Eckstein），写了一本名为《优选少数人》的书。书中说第二圣殿毁灭之后，有一位拉比制定了一条非常重要的教规：凡男孩年龄在 6 岁至 7 岁之间的，父亲都要送他去全日制学校读书，不然他就没有资格做犹太人。在农业社会中，把钱花在孩子教育上并不经济，所以就这一条规定让很多犹太人皈依了基督教或穆斯林，这意味着犹太人并不是被上帝选中的，而是被学习选中的。

诺姆同意这位教授的部分观点。在第二圣殿崩塌之后，耶路撒冷又经历过几个世纪的基督教统治，在东罗马帝国、西罗马帝国以及欧洲统治时期逐渐变得强大起来。由于基督教源于犹太教，犹太教的失败似乎等同于基督教的胜利。中世纪的欧洲为基督教所统治，犹太人不能拥有自己的土地，

　　不能当兵，不能从事农业生产，于是在欧洲的犹太人逐渐被迫从事贸易，更多的是城镇贸易。犹太人要么做推销，要么做工匠，要么成为学者。2000 年前，犹太人生活在农村，孩子们是需要干活的，但是要送孩子们去上学，而且那是全日制学校，这需要家庭做出很大的决心和牺牲。不是不报时候未到，学习的回报终于在数百年后显现。

　　学习基本上成为了犹太社会的一个重要组成部分。今天在伊斯坦布尔的博物馆里陈列着一块残片，这是第二圣殿时期的硬币，上面有文字，没有图案，没有人像，因为当时不允许偶像崇拜。那时在这片土地上成长起来的所有人，尤其所有的男人和孩子都知道如何阅读和书写，即便他只是个农民。后来，这种阅读和写作被带入了信仰，犹太信仰是以

学校　　文字为基础的，当时的人们能够写信、提问，以文会友并展

开争论。后来在社会发展中，学习成为犹太社会的主要关注

点之一，但它根植于历史。在犹太教中，在一个男性的成人

礼，成年的男子必须向社会证明自己懂得如何阅读和书写，

而不是辩论，只是阅读，要读很长一段复杂的文字，这意味

着阅读是作为父亲的责任，父亲要能教孩子阅读，或者至少请人来教。

　　这说明犹太人在几百年前、甚至几千年前就已经是一个注重学习的社会了，人们能够自学，人们被鼓励阅读并学会提问。

就以色列大学教育而言，诺姆·肖瓦尔教授认为最重要的是鼓励提问，鼓励你不去接受现成答案，因为这些是冷饭。挑战在犹太律法学习中是很普遍的。提问、挑战，提出不同的解决方案，不接受教条。别人说什么你就信什么，没门儿！这是源自于律法学习，源于《塔木德》，把它发扬光大然后应用于数学、物理或历史，提出问题、独辟蹊径，这是唯一的根源。这和东亚的儒家教育方式有很大的不同，在那里基本上学生不愿意提问。

诺姆在大学时期总是爱提问，这就是诺姆在大学读书的爱好，甚至他还私下去核实教授在课堂上说过的话。比如教授提到什么问题和观点，诺姆就会去查书，看看教授有没有说错，然后在下一堂课上告诉老师："您说错了，我在书中发现这个地方有点出入。"诺姆说，他可以挑战教授，事实上，教授很喜欢被挑战。给教授提问，就是诺姆·肖瓦尔以后能成为教授的原因。

教育发生了什么问题吗？

曾经有一位给诺姆上过地理图像课的教授非常严厉，同学们通常在他那里得到 60 分或 70 分就谢天谢地了，每次去上他的课，诺姆就找出他的错误并告诉他，最后诺姆的考试得了 98 分。他给诺姆高分的同时也给了他一份工作，他问诺姆是否想成为一名助理研究员，因为他喜欢诺姆挑战他的方式。另外，诺姆自己很欣慰，他现在的学生也竭力向他证明他的错误并试图挑战他，而不是仅仅唯他马首是瞻。在鼓励之下，课堂表现就很活泼。他在德国和中国香港教过书,他说学生就坐在那里一言不发,这很无趣,诺姆认为他们并没有真正学到东西。令他意外的是,诺姆在北京大学讲课的时候,学生问了他很多问题,让他印象很深刻。我和诺姆说,北京大学学生是中国的犹太式学生,而且,现在越来越多的中国学生的思维正在向深度学习方式转变。

如果聪明的学生一直提问,这堂课还能讲下去吗?

诺姆认为解决办法就是减少学生人数。诺姆小学一年级的时候来到以色列,他的父母之前在瑞典为以色列政府工作了五年。诺姆在上小学时班上只有 24 人!但学校觉得人数还是太多了,于是把它分成了两个班,每班 12 人。实际上他们解决的办法是小班授课,分组学习,而不是大班授课。

当然,以色列教育模式也有其缺点,例如破坏性、非体制,每个人都很自然地倾向于提问,可在这样的环境下培训产业工人就不容易了。这也许就是为什么以色列有大量的小型公司而没有大公司。不像在中国和其他国家,以色列创业模式通常是创建小公司,一段时间以后卖掉,这也源于犹太教育传统,很难维持和创建一个拥有大量员工的体制性大公司。

每一种体制都有自己的优势,中国学生纪律性很强,有培训优势,德国、中国的大公司都是如此。在以色列学生就显得闹哄哄,人人举手提问、无视权威,大家都比你懂得多。以色列不乏创新之辈,活力满满,但很难管理,诺姆认为这是因为难以产生服从文化。在中国,学校训练学生服从权威,听老师的话,所以他们一旦完成学业走上社会也会很容易有组织有纪律,听从车间主任的安排,容易组织大生产。而在以色列,创业会比较容易,容易孕育一些新的思想。总之，中以两国的教育是一个很好的互补。

我做过一个有趣的统计，在希特勒上台前 1900 年到 1933 年间的诺贝尔奖获得者中约有 33 位是犹太人，其中大部分是德国人。为什么相比欧洲其他国家，德国的犹太人如此优秀？有趣的是德国人是最有纪律性的欧洲民族，德国也是当年欧洲最强大的工业国，当犹太的质疑挑战精神与纪律相遇，当工业创新需求和最强大脑相遇，科学与产业都硕果累累。

我还发现他们中的大多数人或者他们的父亲都脱离犹太教了。犹太启蒙运动让很多人产生放弃犹太人身份的想法，因为犹太人意味着将受到许多限制，他们想成为正常的德国公民，这就是许多德裔犹太人转变的原因。有一个非常著名的家族是马克思家族，他们一心想住在德国，于是便脱离犹太教了，这当然只是其中一个例子，还有爱因斯坦家族也是，很多人改变了信仰，因为德国的社会氛围也变得更自由，他们想成为德国公民是因为他们希望有归属感。然而，这实际上没有起到多大的作用，纳粹上台后，德国政府规定，如果你的祖父或祖母是犹太人，你就被认定是犹太人，当然这些是后话。

历史上什么时代奠定了犹太人的学习观？

我曾经参加了一个安息日晚宴，同桌有几个 10 多岁的孩子，我问他们：六乘以七是多少？五分钟过去了，没人能给我正确答案，我有点担心这一代以色列孩子们的教育。在 OECD 经合组织的 79 个国家教育测试排名中，以色列学生阅读只排在了第 34 位，数学排 41 名。

诺姆教授为我解释，首先，这个经合组织的数据是建立在包括以色列社会所有阶层基础之上的，比如包括贝都因人，他们是以氏族部落为基本单位，在沙漠旷野过游牧生活的阿拉伯人，还包括以色列的阿拉伯人，也包括极端正统派犹太教徒，他们不学习数学。要记住，以色列社会是由不同的阶层构成的，在衡量人口受教育的程度时可以取平均数，但也要看到构成这个社会的不同阶层之间的差别。实际的结果与官方数据是不一样的。

他接着说，以色列社会命运多舛，历史上犹太人屡遭驱逐，频繁逃亡。在逃生的过程中为能生存必须从事各种职业，比如拉小提琴、制作小工具或者成为医生、律师、银行家，都必须依靠自己的头脑谋生保命。但当他们来到以色列这片土地之后，能从事农业工作，也有了国防军，犹太人不再是世界各地的流亡者，他们的价值观"正常"了，这也是他们教育懈怠的原因。一旦犹太人建立了"正常"的国家，犹太人也就恢复"平常"了，这是一个有意思的命题。

哭墙

梅姆·伯恩斯坦
（Mem Dryan Bernstein）

阿维猜（Avi Chai）基金会董事会成员，曾任董事会主
席9年。梅姆一直致力于教会年轻人养成终身学习的习
惯，积极发扬犹太艺术和犹太文化。1980年代末撰写
了两本书：《年迈的父母》和《你以及三明治一代》。
2019年被希伯来大学授予荣誉博士学位。

Mem Dryc

创造力可以教吗？

受访者 / 梅姆·伯恩斯坦（阿维猜基金会
董事，犹太文化推广者）

Bernstein

创造力来自于思维模式。有创造力并有挑战思维的学生，你可以用规矩约束他们，但是你没法教会一个听话的人如何有创造力。

——梅姆·伯恩斯坦

灵活的正统派

梅姆·伯恩斯坦是耶路撒冷最有钱的遗孀之一。另外,她还是耶路撒冷最会花钱的遗孀,没有之一,她已经花出去10亿美元了——在犹太全日制学校上。当她嫁给第二任丈夫时,他已经建立了阿维猜基金会。虽然直到丈夫去世后,她才来基金会工作并接替他的主席职位,但是,他很早就和她讨论过接任基金会职位的事情。可是,丈夫没有提到过留给她10亿美元要花出去的事儿。说句实话,他的基金会赋予了她新的使命。那是一份大礼,他给她的东西远不止金钱——他给了她新的生活,令人难以置信的慈善生活。

梅姆·伯恩斯坦的祖父母从俄罗斯和波兰去美国,她的父母在美国出生,1948 年,梅姆出生在美国,在纽约布朗克斯区(Bronx)的一栋公寓里长大。她的祖父和父亲都是正统犹太教徒,每天三次去犹太会堂。

另外,她全家族遵从犹太洁食习惯。那一代人虽然没有受到宗教教育,但是他们保持着犹太文化。犹太人身份对她意味着守安息日,保持犹太洁食习惯,在逾越节更换新餐具,在家中厨房严格分开牛奶和肉类。在她小时候,安息日晚餐和现在非常不一样，她的祖母点燃安息日蜡烛，但她们全家不能一起分享安息日晚餐，因为她叔叔和父亲在外辛苦工作。他们必须为全家谋生计。"二战"后的几十年是犹太人的黄金时代。当她住在纽约时，她被犹太人"包围"，因为纽约是犹太人聚居区。后来她搬到加利福尼亚居住，如果她想保持信仰，她就必须成为犹太社区的一部分。从那时至今，他们从未亲身经历过反犹主义。

她认为自己是灵活的犹太正统派。"灵活"意味着她既不是保守的正统派，也不是现代的改革派。因为她在不同的环境中生活过：以色列、纽约、旧金山，在这些地方她必须要入乡随俗。这样的生活也使她觉得既新鲜又有趣，使她保持年轻，因为她必须不断改变、不断思考。

可以教会听话的人如何有创造力吗？

管教孩子们很困难，但梅姆没想到美国的老师能做得这么好。大相径庭的是，以色列的学生纪律很差，学校往往乱糟糟的，噪音的分贝令人难以置信。然而，纪律可以教，创造力却没法教。创造力来自思维模式。那些有创造力并有挑战思维的学生，你可以用规矩约束他们，但是你没法教会一个听话的人如何有创造力。军队同样可以造就人才，梅姆认为，在今天的以色列最具有价值的教育机构就是军队。以色列的军队与中学恰好是一对绝配，一个讲究纪律一个散漫，一个要结果导向一个随机游走，但它们同时都在培养学生的创造力。对于那些不想参军的孩子，他们可以选择"国民服务"，花费时间和精力为社会提供各种公益服务。在以

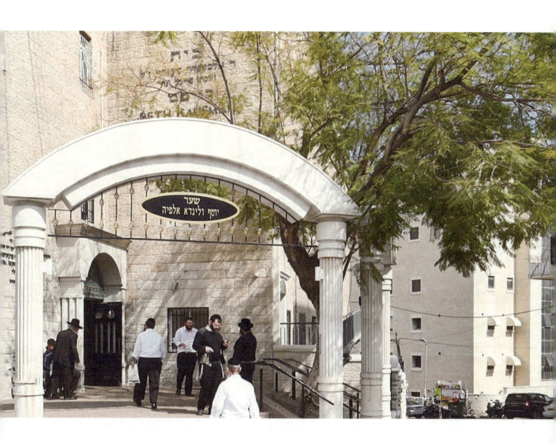

色列,青年人既可以选择国民服务,也可以选择参军服役。把孩子们从军队这头放进去,他们会用某种方式从另外一头脱颖而出。如果年轻的时候没有在这样激发创造力的环境沉浸过,年龄大了是没有办法再培养的。互联网的出现,大数据的应用,知识性教育的重要性越来越降低,创造型思维培养越来越重要。未来 10 年、20 年的教育一定会发生巨大变革,而以色列对创造力培养的学习体系,已经为这样的教育变革做好了准备。

位于耶路撒冷的密尔经学院

作者采访犹太文化推广者梅姆·伯恩斯坦

什么学习机构培养出了最高比例的精英?

犹太式学习发生在哪里?

正宗的犹太学习系统是 K12 教育中的全日制犹太学校，这里是犹太学生学会犹太式学习的"学习共同体"。

为什么她的基金会选择支持犹太全日制学校? 嫁给第二任丈夫的第一年，梅姆带着两个孩子搬到纽约，她邀请客人们到家里吃安息日晚餐。她发现从犹太学校出来的孩子比她的孩子受到了更好的教育，他们的言辞举止比她的孩子好得多。这是因为他们同时接受犹太全日制学校两种教育课程——常规的和犹太的。他们会说英语，也会说希伯来语，他们在矛盾和比较中学习，她的孩子却没有这个机会。梅姆决定送自己的孩子们去犹太全日制学校，虽然她自己没能在犹太学校学习过，但她的孩子们做到了。从孩子们身上她学到了很多，也就是说，她也需要学习他们正在学的东西。

很早的时候，美国进行了一项关于"是什么让成年犹太人成为社会精英"的研究。他们发现 12 年制犹太全日制学校培养出了最高比例的犹太精英。这也是为什么她转向支持犹太全日制学校。当她开始资助犹太全日制学校教育事业时，大多数人都还没有意识到这一点。她希望追求完美，这样的理想激励她为犹太全日制学校投入了很多，包括很多美国的犹太学校，因为她希望每所犹太学校都成为所在城市，甚至是美国最好的学校。

她认为，机会是一个人生活中最需要的东西，如果你有机会，并且加以利用，就可以不断改善自己。然而，机会常常意味着运气，对于大多数人而言，如果你没有那么幸运，你可能就无能为力了。回想她自己的经历，她有时真的会考虑因果。缘分是真的吗？如果当年没有在夏威夷海滩上的故事，如果她父亲没有把她许配给第一任丈夫，如果她的第二任丈夫没有给她阿维猜基金会，她不知道自己会做些什么。因此，她希望给更多人带来优质的教育，因为教育对于他们就意味着宝贵的机会。

约夫 · 阿蒂亚斯
（Yoav Attias）

希伯来大学应急和安全事务司司长兼首席安全官，希伯来大学 Snunit 促进计算机化和技术综合教育协会主计长委员会主席，以色列国防军本土司令部中校（预备役），约夫拥有希伯来大学社会科学学院公共政策学院领导力课程的硕士学位。

Yoav

从战场上能
学到什么？

受访者 / 约夫·阿蒂亚斯
（希伯来大学首席安全官）

Attias

十八九岁的学生兵，他们都见过流血牺牲，他们在军队里学会了在哈佛所学不到的能力，军队是他们的第一所大学。

——约夫·阿蒂亚斯

约夫是希伯来大学的"保安队长"，他是我的铁哥们
儿，我给他起了一个中文名字叫"安永武"。他曾经在以色
列国防军的王牌旅——戈兰旅服役，他们这个班的"战争
周"训练曾经被以色列电视台专题报道。他当时 18 岁，是
这个班的班长，这是他一生的骄傲。他载着我，驱车千里北
上南下，从戈兰高地到加沙边境，我们一起驻足他曾经战斗
过的战场，俯身钻进曾经枪林弹雨的战壕。我们可以想象，
在以色列建国后的 72 年里，多少像约夫十七八岁的少年在
硝烟弥漫的战场里浴血成长，有人百炼成钢，走入大学，成
为以色列社会各个阶层的骨干力量，有佼佼者创业建功风生
水起，也有一万余名青年人长眠不醒。

新兵营最难忘的是什么？

1948 年前，在以色列有一些地下武装组织如哈加纳、
伊尔贡、帕尔马赫。1948 年，第一任以色列总理本古里安
宣布的第一个命令，是解散所有的地下武装组织，合并成一
支正规军，也就是以色列国防军。约夫入伍后，被编入新兵
营，训练一年半以后就进入了那个终生难忘的一周。约夫说

戈兰高地

地中海戈兰旅老兵训练终点

这一周会开始特别的拉练，战士们叫它"战争周"，完全是模拟战争。从周六晚上开始持续到第二周的周四晚上。一场拉练结束紧接着就会开始另一场拉练，一场接一场，小战士要负重步行几十公里，每一场拉练要从 14 人中抽调 1 人担任下一次拉练的班长。直到他们到达地中海海边，战争周才结束。

战争周测试有个有趣的项目，通常每人会得到一种非常特别的食物，不是熟食，是将食物和炸药绑到一块的东西。如果你选择不吃，它就会制造烟雾或者噪音，你要去动它就会引起模拟爆炸，如果你不想办法拆弹就没有东西可吃。

约夫认为作为军人最残酷的是面临失败，但是即使你失败了，只要你明白是什么导致的失败，那就并不是坏事。就算失败了也会在其他方面寻找到价值，比如收获了友谊。真正深厚的友谊是不可多得的，这种友谊只有当过兵才能拥有，在其他地方很难建立这么深厚的友谊。因为当你把自己的生命交给战友去守护，这不仅仅是信任两字那么简单，是你真真切切地相信他会在你的身后守护你、拯救你于危难之中。你可以如此信任一个人的时候，你就获得了一种坚不可摧的友谊。在加沙战争时，他们的长官手臂受伤时回到服务中心治疗，一周后又带着绷带回到战场上，他们又一起并肩作战。即使受伤的长官不能做任何事情，但他的存在有很重要的意义。每个人都可以将自己的潜能发挥到一个极限高度，就像受伤的长官一样，即便受伤了还是回去和战友们一起坚守战场，因为他要亲眼看到大家顺利完成任务。

约夫和他的战友们

士兵可以质疑长官的命令吗？

作为士兵，服从命令是天职。在以色列国防军，有两类情形。一类是必须要执行来自上方的命令。比如说必须早上 5 点起床，这不能有异议而且没有商量的余地。那什么是可以商量的呢？比如发现有问题就要去和指挥官商量，告诉他这里有问题，哪里不对劲，这时可能需要调整指令。

士兵大多数时候会挑战长官的想法，比如应该从这条路线去攻占这座山。你告诉战士说有个任务，战士问你是什么任务，你说他们需要使用策略在两天之内攻占山头。他们会思考、会研究地图、研究行军路线等方方面面的东西，他们回来会把总结的最佳方案建议给你，在了解大体情况之后就到了该做决定的时候。这个时候长官就要毫不犹豫地做出决定。有时候长官会让士兵执行命令，有时候也会让他们自己去发挥，尽最大努力自己做出决定。而面对突发事件或其他复杂局势士兵必须自己做决定，而且要尽早决定。

战争和创新有什么关系？

约夫觉得这一代人比他那一代人要强。比如在网络技术和电脑运用方面，当代年轻人的专长分布在各个不同的领域，他们思维灵活、方法多样，可以应对瞬息万变的战争形势。时势在变，解决问题的方法也要随之而变，这比应付传统战争要困难得多。要想给股票交易提建议就必须有股票交易的经验，如果没有任何经验就无法给出建议。如果战争在我们的时代发生了巨变，那么仅靠传统的建议是远远不够的。在军队，创新是很必要的。试想，在战场紧张激烈的气氛中，你必须在极短的时间内实现创新、做创新的尝试，通过一些新的打法才能赢得战斗。

战争也一直是高科技的主要驱动力之一。互联网技术、激光技术、网络安全技术最初都是军事斗争的需求，后来逐步军转民而广泛使用。以色列建国后一直处于战争或者战争威胁中，所以科技创新的压力巨大，很多军事技术的突破也是被逼出来的，从预警机和坦克，到现代科技战争的网络安全技术，以色列国防军都是全球领先。

以色列国防军鼓励退役军人利用军队学到的技术搞军转民服务，有时专利甚至是白送的。全球最大网络安全公司 Check Point 的创始人 Gil Shewd 就曾在国防军的 IT 部队服役，搞的就是网络安全。1993 年退役的 Gil，利用在国防军服役期间设计的"刀片架构"开发了一套新型安全架构，现在几乎所有世界 500 强的公司都在使用他们的安全系统。

希望女儿不必再参军

没有理智的人会喜欢战争。约夫年少时听过一首歌，歌里唱的是总有一天不再需要他们的孩子服兵役了，他们也不需要去打仗了。但是在那天到来之前，日复一日，年复一年，仍然需要孩子服兵役，去履行自己的职责，守护家园，所以仍然有人血洒战场。即使他强迫自己往乐观的方面去想，但他还是不得不承认他的女儿们可能也还需要去参军。

约夫·阿蒂亚斯的全
家福

约夫有个战友出生在阿富拉[1]。那年他们在黎巴嫩战场时，有一天他们的基地遭到了炮击，炮弹落在战友岗哨的位置，他牺牲了。约夫清晰记得那是最后一个牺牲的战友，是自己的一个好朋友。人人都有各自的美好的理想、不同的人生经历和他们深爱的家人，战友们牺牲的情形不同，但他们每个人的故事都很悲伤。

年轻的时候无所谓，因为除了生命也没有其他东西可以失去。但这些士兵身后有一个庞大的家庭，随着他的离去，白发人送黑发人，家也拆散了。在犹太人的传统中，失去一个亲人是让人难以承受的。对于年事已高的父母来说，

1　阿富拉是巴勒斯坦北部的一座城市。

他们已经经历过世事并完成了自己的人生理想，若平安健康　和约夫在戈兰高地
地走完一生的道路也算是寿终正寝。但十八九岁孩子的生命
不应该在这里戛然而止。生命无价，谁也不想就以这种方式
结束！

　　军队成为以色列高中毕业生的第一所大学，大炮取代
了 PPT，机关枪取代了笔记本电脑，成绩单用生命与献血谱
写，这是教育幸事抑或无奈。我相信每一个以色列的父母都
像约夫一样，希望孩子不用再上这所大学，哪怕那里真是超
人的训练营。

1 艾莉沙·哈斯
（Elisha Hass）
「垃圾乐园」创始人玛卡·哈斯之子。

2 陶文亚
20世纪60年代「垃圾乐园」中长大的孩子，瓦尔达·格林（Varda Gering）之子，曾在河南安阳创办过类似的「垃圾乐园」。

3 米日安·特罗佩
（Miriam Troper）
在「垃圾乐园」工作了40年的老园长。

4 李妍
基布兹成员，中国妈妈。

5 耶赫兰·萨伊
（Yehoram Shai）
基布兹成员，幼儿园小朋友的爷爷。

1

2

3

4

5

Elisha

为什么让幼儿园孩子玩垃圾？

受访者 / "垃圾乐园"师生

一方面是对现实生活的导入，一方面也是发展想象力的好地方，甚至于不只是想象，还有团队合作和责任感。

——艾莉莎·哈斯

学习科学家使用了脚手架（scaffdding）一词，来帮助儿童学习者建构知识。最佳的脚手架是应该像帮助建筑工人一样，通过提供场景与框架，让儿童自己设立问题，自己解决问题。如果告诉孩子怎么做，或者直接替他做，对于眼前省事了，但是却剥夺了儿童积极自我建构知识的机会，这就不是一个脚手架，你代替孩子去施工了。"垃圾乐园"就是以色列特色的脚手架。

以色列的"人民公社"被称为基布兹，基布兹是以色列建国初期经济、社会、文化繁荣的中坚力量。1951 年，在以色列北部一个叫 Sde Eliyahu 的基布兹中，来自德国的幼儿园女老师玛卡·哈斯（Maka Hass）突发奇想，收集各家各户的废弃家居用品，给孩子办了一个模拟现实的高仿"垃圾乐园"。这么多年过去了，"垃圾乐园"没有走入历史的垃圾堆，而是火遍以色列。

应该让孩子经营大人的生活吗？

以色列建国初期，基布兹都在考虑发展教育，所以，"垃圾乐园"的创始人玛卡·哈斯就成了小孩子的教育者。

作者与基布兹"垃圾乐园"教师合影

园长办公室里"垃圾乐园"的老照片

1942 年，她设计了基布兹的第一个"垃圾乐园"。建设前一无所有，她必须亲手建造一切，然后从社区、车库、田野等地方收集物料，它们都是实实在在的物体，因为它们是垃圾，所以你可以做你想做的任何事，打破、连接和重组都可以。

　　今天基布兹的"垃圾乐园"比较常见，因为这是一种生活方式，他们通过这些废弃的东西让孩子体验生活并得到成长。

　　小孩子很喜欢模仿大人。孩子小时候通常会跟着妈妈在厨房里面学炒菜，妈妈就放一个小型的炒盘，然后把勺子放地上，他们就在那边玩，学着妈妈炒菜的样子玩。"垃圾乐园"最重要的理论来源便是"让孩子经营大人的生活"的思想。因为在孩子小时候，都是通过观察来学习的，如

陶文亚和妈妈瓦尔达·格林带作者参观"垃圾乐园"

孩子们在"垃圾乐园"玩耍

果你给他玩那些现实生活中不常出现的玩具，没有太大意义，他们觉得这么做就是在浪费时间。但是你让他接触生活中经常能用到的东西，他们一边玩一边认知它，就很有收获了。陶文亚在中国河南省安阳市的时候也创办过一个"垃圾幼儿园"。可是这里的"垃圾乐园"和安阳市的是不一

样的。安阳市游乐园能利用的东西是跟军队有关的，比如假
枪、假士兵等。如果跟以色列来相比的话，中国会加上其他
的东西，比如跟中国的传统习俗有关的东西。以色列这个
"垃圾乐园"会利用犹太传统的东西，如蜡烛的灯台就是用
于光明节的。因为这是大人生活的一部分，在中国，他们也

会利用大人社会的一部分东西，也就是中国传统的习俗。换句话说，来自身边的东西会更好，因为孩子们喜欢本土的特色，在这个基础上让孩子经营大人的世界。

"垃圾乐园"的教师甚至觉得在幼儿园教数学是错误的，因为孩子们就是应该玩，应该做他们想做的任何事情。在"垃圾乐园"的孩子们最喜欢做两件事：一是去看牛；二是在"垃圾乐园"玩耍。有时他们像一个团队一样工作，不同性别、不同年龄的孩子混在了一起过家家。孩子们每个星期都会分组，几个小孩分成一个组，选择他们想要的废品并组建一个场景。比如有的小朋友需要搭一个舞台，他们要在那里演舞台剧、木偶剧；有一组的小朋友选的是电脑键盘和书桌，他们在那里扮演的场景就是办公室。一方面是对现实生活的导入充分激发了孩子们的想象力；一方面是大型场景的搭建需要互相配合，增强了孩子们的团队合作和责任感。

为什么要让孩子玩危险的"真实世界"？

我在参观"垃圾乐园"时非常惊讶，因为看到很小的一个孩子抱着一个很沉的微波炉在院子里走，还登上一级级台阶，看着就让人很担心，但是"垃圾乐园"的老师说从来没有发生过任何安全事故。仅有过一次不可以叫事故的事件，有一个孩子，她有一个非常好的朋友叫哈佳（Hagar），他们在一起玩耍时突然有别的小朋友想检查她的体温，就像大夫一样拿了一个棒子，把棒子插进她的耳朵，但还好没有造成伤害。

当然，"垃圾乐园"不是随便放一些垃圾进去，而是根据每个幼儿园小孩的年龄、身高以及小孩的天性来放置不同的物品，搭建不同高度的乐园。像我参观的这家幼儿园，基本是2到3岁的孩子，园内摆设的都是比较矮、比较简单的东西，他们还小，不会有太大的创造力，就是随意地玩。当大家建造它时，也会检查玩具的稳定性。所以70年来院子里没有发生什么事故，也没有人受伤。

在基布兹的幼儿园最重要的原则是老师信任孩子，让他们独立。哪怕只有两岁的小孩子，也让他一个人走15分钟左右的路回家，有些小孩们也都是自己骑着车过来的，就是通过这样的形式信任孩子。基布兹就像他们很大的一个

陶文亚妈妈的作品

家，相互之间彼此信任。

孩子们从垃圾中学到了什么？

陶文亚的妈妈说，"垃圾幼儿园"影响了她的一生。她上大学时学的专业是艺术类——类似于雕塑。她说通过"垃圾乐园"学习到了直截了当的胡兹帕精神，其他人完全不会有的想法。因为她会把陌生的东西大胆地结合起来，使她的作品极具张力。她读大一的时候作品就已经在以色列几个最大的博物馆展览过，如海法博物馆、以色列中央博物馆，她说都是"垃圾乐园"给她的启发。

陶文亚说，现代的"垃圾乐园"应该配合现代的物件，同时也需要跟过去有关。也就是说，"垃圾幼儿园"的道具应该连接过去和现在。有时候电脑是电脑，你可以用电脑玩游戏；不过有时候电脑是拖拉机的一部分，是它的"动力机"；也有时候它是别的东西，这些都取决于孩子们是怎么想的。这些所谓的垃圾不仅仅是垃圾，而是让孩子们的大脑想象力攀登的脚手架。

这样的模式很难说能不能在中国普及，因为最要命的就是这些垃圾看起来都比较危险。特别是在中国，因为大部分家庭只有一个孩子，父母会更害怕危险，因此就不会太喜欢"垃圾乐园"，但也有部分中国家长会喜欢。

"垃圾乐园"初创时期照片

阿米特・梅尔
（Amit Meir）

亚当・维阿达玛农业高中联合创始人，「新守望者」运动
倡导者。

耶赫兰・萨伊
（Yehoram Shai）

亚当・维阿达玛农业高中校务总监，「新守望者」运动倡
导者。

Amit

以色列有上山
下乡吗?

受访者 / 亚当·维阿达玛农业高中师生

我们希望每个学生都能完成高中学业，同时对价值观有更深层的思考。我们不想让他们只学数学等常规科目，还希望通过劳动让他们有更深的思考，成为未来以色列的领袖。

——耶赫兰·萨伊

从公元 70 年开始的犹太律法就明文规定，每个 6~7 岁的男孩都要去全日制学校读书，当时的纯农业社会里读而不耕。而今天，在以色列出现一股逆流——半耕半读的学习方式，像是以色列式的上山下乡运动。

中国的城市化率逐年提升，越来越多孩子出生在城市，绝大多数孩子没有见过庄稼，甚至从小没有玩过泥巴。我们很难想象这样一代脚上没泥的孩子，他们中间可以出现领导我们这样一个大国的领袖。而在以色列，我接触到一个让城里孩子下乡的运动——新守望者运动。新守望者运动遍布以色列全国，他们的目标是让城市里的学生脚踏大地、满手泥土。这里的高中生每天 5 点起床，6 点下地干活，共 5 个小时；下午开始上课，晚上集体活动。

诞生于农业困境的新守望运动

新守望者是由一个名叫约尔（Yoel）的人在 2007 年建立的，他曾在以色列海军服了两年兵役。当时，在以色列农业面临两大困境：农场财产安保问题和劳动力严重缺乏问题。约尔父亲心中也充满了疑虑，然而这不是个例，而是全

亚当·维阿达玛农业高中

国性问题。为了经营家里的牧场，约尔离开家独自住在自家的牧场里，别人冷嘲热讽地对他父亲说："看看你儿子能不能在农场自己生存下去吧。"

后来，以色列各地成千上万的农民看到约尔在山上飘扬着大旗，社交媒体也在传播着这一个奇迹，一时间无人不晓。约尔凭借自己的坚韧和毅力一手打造了"新守望者"运动来解决农业的困境。他主要从两方面帮助农民：第一方面是"夜间保卫"，因为农民正遭受着罪犯的骚扰，农民们已经忍受了很多年了。每当逾越节这个最主要的犹太节日来临，农民们都不能和家人在一起，因为他不能把牛单独留在牧场里，就这样过了几十年。现在"新守望者"每周会抽出几个晚上来帮助农民，这样的话在特别的节日里农民们就可以与家人吃团圆饭了，对于农民来说，这是一种特别的新生活。第二个方面是劳动力问题，他们有成千上万的志愿者来帮助农民到地里种植、收割和劳作。也是从那时起，全国陆续启动了多个有关农业的教育项目。

半天劳动不耽误学习吗？

以色列犹太人深知读书可以培养的认知，让农民也具有创新思维和创新能力。以色列的创新型农业是世界一大奇迹，有很多专利项目，农民往往也是农业工程师。一方面，他们考虑到以色列存在严重的教育危机，所以他们建立了一个高中；另一方面，学生们上午可以帮助农民干农活，挣自己的午餐钱，下午学习功课。不过他们的学习时间是以色列其他普通学生的一半，早上 6 点到 10 点是他们干农活的时

间，然后吃午饭；稍事休息一会儿，下午 1 点到 4 点学习，
他们会学习数学、英语、自然科学等这些常规学科；在这之
后，还要参加一个特殊的项目，叫做价值观课程。基本上，
学校希望每个学生都能完成高中学业，同时对价值观有更深
层的思考。学校不想让学生们只学数学，除常规学习的科目
之外，还通过劳动让他们有更深的思考。晚上还有木工、摔
跤、体育等专业课程，这能够发展他们自己的技能。他们
也会听一些讲座，学校会从外面请人来做一些关于历史的
讲座。

　　当他们完成学业后就拥有了一些更有价值的东西，因

陈明键与受访师生合影

学生在田间劳作

为学校希望他们学习书本以外的东西，这点非常重要，要与其他人一起交流。上周学校举办了一个关于妇女争取和平的讲座，下周学生们还会参加另外一个专题的讲座。在这里，学生们应该认识并感悟一些在学校学习和生活之外的东西，打开自己的心扉。每年学校会对学生进行四次跟踪考察，这

关系到他们的理想、生活和家人。

　　"新守望者运动"志愿者里有学生和军人。最小的志愿者是四年级的学生，在城里也有农场，可以让他们在城市里体验农业生活。他们的员工、顾问、指导者都在那些小型农场里和孩子们一起工作。在城市里体验农业生活，是为了让城里的孩子明白蔬菜不是长在超市里的。

在青年运动中有一个特别的计划，叫作"一日志愿服务活动"。成千上万各年龄段的学生来实地做几个小时的志愿者。还有学习环节，给他们提出一系列引发思考的问题：为什么来参加此次活动？农业的重要性是什么？为他人着想的意义何在？

"新守望者"们不是独行侠，而是一个集体，所以大家必须互相帮助。他们有专门为十年级的高中学生制定的为期一周的项目，上完高中到服兵役之前有一年的空档期，他们来这里学会帮助他人，并学习很多技能。约有300名青少年参加这个活动。他们正在努力改变现实，改变农业现状，永远地改变整个以色列社会。首先是将全世界的犹太人和以色

农业高中一景

列连接起来，包括以色列的少数族裔、阿拉伯人、基督徒等。虽然这里没有阿拉伯学生，但"新守望者运动"里面有阿拉伯学生，他们也有特殊的社会双赢计划，对所有人都开放。

选择职业还是选择使命？

阿米特跟我讲了一个关于以色列第一任总理大卫·本·古里安的故事。1954 年，本·古里安在其短暂的下野期间，在南部内盖夫沙漠地区创办农业学校。有一次，他带了南部沙漠地区的学生到大城市特拉维夫，他告诉同学们："职业和使命不同，你们即将完成学业，你会去种地、去服军役，你也可以领导以色列，或者从事你自己理想的职业。"他和学生交流的时候会问他们："你是选择职业还是选择使命？是让自己吃饱喝足还是让以色列的明天变得更美好？"

有一次，我邀请"新守望者运动"的第一创始人约尔，给中国代表团介绍自己，站在我身边的以色列人说，约尔将来或许可以成为以色列的总理，这份美好的期望说明了以色列人民希望有一位像本·古里安那样接地气的领袖。约尔他们在 8 年前建立农业高中时，是想培养能够带领以色列奔赴光明的未来领袖，因为领袖来自田间，来自劳动者，这就是他们创建这个高中的原因，将人与土地联系起来。他们要把学生与以色列这片土地联系起来，学生他们因劳动而热爱这片土地。

埃德娜·平克霍夫

（Edna Pinchover）

哈达萨医院学校校长，女艺术家。

E

d

孩子可以从手术
中学习什么？

受访者 / 埃德娜·平克霍夫

这里会存在很多不同的文化，尤其是在耶路撒冷，我们生活在冲突当中，所以不是那么简单。但是对我们来说最重要的是人，让人何以为人的那些东西。没有政治，没有高低贵贱，只有生活和生存问题。

——埃德娜·平克霍夫

在以色列，教育本身的创新无处不在。我看到一家开在哈达莎医院里的学校，这里的学生都是来医院看病住院的小病友。学校通过专业设计的教学活动，让小病友了解自己的生理构造，了解手术的流程，消除对医疗的恐惧，不再惧怕打针，把手术当作一次旅行。孩子们生病了不愿去医院，主要靠家长哄着去。这样一所医院学校，让知识改变恐惧，那小朋友就不会闻医院色变，妈妈们带孩子就医也就轻松多了。

开在医院里的特别学校是如何把手术变成医疗游学的？

在耶路撒冷有所大型医院——哈达萨医院，1927 年建立之初是妇女医院，曾于 2005 年被提名诺贝尔和平奖。这家医疗中心拥有 30 间手术室、700 名医师及 1600 名护士。20 世纪 80 年代，一位女艺术家埃德娜走进哈达萨医院，为小病友开办了一所特别的学校。

埃德娜在哈达萨医院看到那些生病的孩子，有的满地乱跑，有的鬼哭狼嚎，有的百无聊赖，家长一个个愁容满

哈达萨医院学校校长
埃德娜和学校教师

面，她想如果这里能有一所特别的学校那就太好了。

在 20 世纪 80 年代，她通过很多方式向医院提出了建议。最终得到了许可，开始在这里办学。而且，当时埃德娜是这里唯一的老师。她一个人教很多课程。后来教育部认为这所学校应该归到公立体系，慢慢地越来越多的教师加入，现在她们拥有 96 名教师。

这所学校最终属于教育部，但是她们依然和医院有着紧密的关系。在哈达萨医院有两个主校区，有一个比较大些，共有 12 个不同的学科，所以基本上每个学科都会有属于自己的教学区。正常情况下，老师早上的时候邀请孩子们来主校区学习，但是因为有一些学生行动不方便，所以老师会在各个教学区来回穿梭。

埃德娜去游说孩子们来哈达萨学校学习，成为一名学生。学校老师们有机会了解到这里的小病人的性格，帮助他们打开心扉，完成一系列即将面对的挑战。之后学校开始建立特别的课程。比如她们为孩子们准备手术，或者帮助他们做核磁共振检查时，就向他们传授一些知识，教他们如何表达情绪，帮助他们完成各项学习任务。她们一直强调的就是多元文化以及孩子们的医疗常识教育。当孩子们来到学校，在学习的过程中会经历很多他们之前没有遇到过的问题，所以为了帮助他们克服这些挑战，她们必须和孩子们建立良好的关系，帮助孩子们理解治疗的来龙去脉，去准备很多不同的疗程，很多医疗知识对于孩子们来说都是新鲜的。

老师会教孩子们如何到哈达萨学校，怎么走进医院大楼，怎么看病，怎么坐电梯，怎么挂号……当孩子们看到这些东西都是学过的，那么当真正做手术时心里也不会紧张了，他们还可以自己去做术前的准备。教师会跟孩子们解释为什么他们要穿这种病号服。在去做手术时，妈妈也可以进入手术室，直到孩子打完麻药睡着之后才离开。手术后他们会慢慢地醒来，手术结束了就可以尝试慢慢地吃些食物，再吃一些治疗的药物，紧接着就可以回家了。埃德娜说有些孩子都不想回家了。

学校会专门准备一个手术清单，逐一列出手术的流程以及手术中遇到的人，正面是手术前的清单，反面是手术后的清单。这张清单非常有用，可以帮助孩子们理解当下发生的事情以及他们所进行的程序。差不多每个生病的孩子上完这些课程都会迫不及待地想做手术，他们觉得这就像是一次"医学旅行"，而不是一件恐惧的事情，这一切对于一些孩子来讲都是新鲜的。

为孩子们准备的手术手册

　　心脏手术的清单也是同样的原则。心脏听诊步骤的解释教学很详细，课堂教学中不但有图片还会提供心脏模型展示给孩子们。通过教师详细解释，较小的孩子会有妈妈陪同作为辅导。她们会让孩子们看到所有的手术程序，最大限度降低孩子们对未知的恐惧。当然，教学步骤不止这一本书的内容，比如还有一些课程会给孩子展示他们要穿的睡衣是什么样的，等等。

学校的学生中也有成年人，当然对于成年病人她们会有另外一些特殊的操作程序。所有的程序和要求都会因人而异。有时候她们会教孩子如何跟其他小伙伴沟通，有时候她们也会有不同措施调节不同文化之间成年人的交流。

医院如何成为人文主义教育的舞台？

医院病人有正宗犹太教徒，也有穆斯林，会存在很多不同的文化。尤其是在耶路撒冷，他们生活在冲突当中，有些关系不是那么简单。但是对他们来说最重要的是人，没有政治，没有高低贵贱，只有生活和生存问题。埃德娜给我展示一位阿拉伯孩子手术之前准备工作的图片，因为哈达萨医院和阿拉伯村庄相邻，医院也有很多阿拉伯小孩子和他们的父母。所以她在教学课程中也选择了多元文化的教育主题，目的是让所有来的小孩子和家长都能接受学校的教学内容。

医院是人文主义的舞台。但是对于不同背景的人来说，在有些方面她们会有不同的传统。由于传统的不同，父母要做出很多努力来改变孩子的认知。有时候父母会告诉他们的孩子，她们不是去做手术而是去旅行，这就是关键所在。学校也会跟父母建议，上课时让父母跟孩子坐在一起，既可以安抚孩子们紧张的心理，又可以把老师们讲的内容解释给孩子听。

所以孩子们在一起学习的时候，会针对不同的孩子制

学校里的照片墙

定不同的规则。学校的课程并不是那么正式，教室是在一个开放的空间里，孩子和他们的父母坐在一起，并且每节课都有两位老师，一位犹太人，一位阿拉伯人，她们会用两个语种教学，现在用希伯来语和阿拉伯语。她们必须要互相倾听，必须要了解彼此。这里会有一些极端正统的学生和父母，相互之间也要交流。

在过去的两年里，学校还研发了一些小游戏。例如，某个游戏是为了让孩子们了解自己的手术经历，学会表达他们的感情，但更多的也是多元文化的传递。你可以看到，这里有来自不同文化背景的孩子，她们所做的就是给孩子们一个机会，邀请小伙伴去他们的家里，让他们能够相互了解对方的文化，让孩子们能够感觉到亲密关系。每个孩子都有故事，他们要在这度过大约一周的时间，一起住，一起玩。往常他们互相不会说话，但仅用一个游戏就可以让他们在一个群体里相互交流，去讨论一些问题，讨论他们所在的城市或乡村。

有一个关于多元文化的故事：一位犹太妈妈和一位阿拉伯妈妈住在同一个房间，但是她们一开始互相不讲任何话，一句话都不讲。有一次犹太妈妈要去超市买东西，不得不请阿拉伯妈妈帮她照看孩子，对方竟欣然答应了。犹太妈妈从超市回来之后充满感激，她们便尝试去交流，但是她们不懂对方的语言，就只会用手来交流。后来犹太妈妈和她的孩子就时常来到学校学习阿拉伯语。现在犹太妈妈和阿拉伯妈妈成为了很好的朋友。

多元文化是这所学校最大的挑战，她们必须时刻意识到这一点。校长认为学校应该专注去做相关的教育，教授医学知识的同时，也要教授多元文化的知识。在校教职人员中间也会存在一些文化差异，而且这种差异还很大，比如犹太人和阿拉伯人之间的一些世俗传统文化的差异。这是一个挑战，所以她们学校教职人员之间也必须多去相互了解和交流。因此，对于教职人员的教育训练也是一个很重要的问题。要考虑怎样让所有教职人员一起更好地共事，避免冲突，这样才能教会孩子如何去处理文化差异，当她们教育孩子的时候，其实也是一种自我教育。只有教职人员自己知道怎样和不同文化背景的人相处时，才可以教会孩子怎么去做。

1 诺米·利夫席茨

（Noomi Lifshitz）

马坦（Matan）犹太女子学院院长。

2 马尔卡·比娜

（Malka Bina）

马坦犹太女子学院教务长。

3 沙亚

（chaya）

马坦犹太女子学院教师。

4 涅查玛·戈德曼

（Nechama Goldman）

马坦犹太女子学院教师。

1

2

3

4

Noomi

母亲自己
也学习吗？

受访者　/　马坦犹太女子经学院师生

Lifshitz

我们觉得学习是我们生命的基础，是我们生命的源泉，我们想学好这些知识。我们觉得作为女性，我们有能力并且渴望注入新能量。这对我们的孩子有很大影响。孩子们看到不仅仅是父亲，他们的母亲也在学习，这会产生很大的影响。在我看来，这很令人兴奋，因为这是一场教育革命。

——马尔卡·比娜

教育家怀特海认为，学习的目的是自我发展，而要实现自我发展，最重要的是母亲在孩子 12 岁之前对其进行的言传身教。虽然母亲并未受到教育，但是母亲也没有被教条束缚，被惰性桎梏。她们依然可以在成年后成为最具文化素养之人。

中国历来有"子不教父之过"的古训，民间也有"好女旺三代"的说法，父母在子女教育中都不可缺位。在日常生活中，母亲由于有更多的时间与孩子们相处，母亲的言行的示范作用比一百句教导还要管用。一个每天打麻将的母亲很难让一个孩子养成阅读的习惯，一个每天沉溺于手机屏幕的妈妈很容易让孩子沉溺于游戏。一个母亲如果能坚持终身学习，把学习变成习惯，这对于家中孩子是最有说服力的言传身教。我在以色列马坦犹太女子学院见到了一批以学为乐的母亲。

女性学校何时产生?

历史上，犹太社会第一所女子学校创建于 1919 年，创始人是莎拉·斯内尔，她是一位来自波兰的非常优秀的女

女子学院　　　　　性，这所学校也已经有百年历史了。马坦犹太女子学院是当代女性创办，女性管理，女性师资，女性学员（为主）的非全日制女子学院，很多女性在年轻时没有机会系统学习知识，现在每周或者每天来这里回炉，有点"工农兵"学员的感觉。其中，有年轻的外国学生，有妈妈，也有不少奶奶，学生的年龄以 40~60 岁为主，30 岁左右的年轻女性因为基本都要兼顾孩子和事业，所以来的比较少。在她们眼神中，充满了对知识的渴望，认为学习是一件极其幸福和荣耀的事情。

马坦女子学院主要用希伯来语教课，但是其中马尔卡·比娜和哈米德两位教师的课是用英语。女子学院有些课程是以主题为导向的，有些是方法论课程，用来训练技能和掌握方法的，这种课程多是"Bademidilash"式教学，比如哈米德都、莎拉等学者，她们教授这类课程比较多。女学员研究的《塔木德》是很难啃的骨头，全书 2711 页，按照犹太习俗，每天学且只能学一页，这样学习一轮的完整时间周期是七年半。

诺米说 20 年前自己第一次正式参加《塔木德》完整课程。小时候在学校也零星学过《塔木德》，后来又和她的父亲一起学习。密集的学习使她最终拥有能够自主学习的能力。但实际上，第一年对她来说非常郁闷，她每天回家都会向她丈夫倾诉，每一天她都意识到她懂得太少了。每日一页《塔木德》的传统课程要 2711 天才能完成一轮。诺米还记得当时和大家一起在此庆祝首轮毕业的时刻：那是 7 年前第一次庆祝妇女班结业，她们当时在场的女性同学寥寥无几。而现在这一次毕业典礼，在耶路撒冷最大的厅里有 3300 名妇女，她们中的大多数人都在庆祝完成了整个课程。

《塔木德》课程的学习时间是早上 8:00 到 9:00，每天早上皆如此。有的学生只是每周三来，来上一节特别的课。周三从 9:00 到 10:00 学院开设了讲解《创世记》的课，授课的是一位非常优秀的教授，她会讲一小时。学院还开设了女子的成人礼课程。成人礼课程适用于 12 岁的女孩和 13 岁

女子学院的课堂

的男孩，这堂特殊的课程会和母亲一起学习，这是她们共同的课程。这门课也是女子学院的首创课程，目前在以色列有 50 多个地方、在国外大概有 90 个地方开设了这一课程。

学校一周上 5 天课，从星期天到星期四，每周上 20 到 25 个课时的学生可能有 100 人，周五她们关闭学校，学员会私下约定在谁的家里一起度过安息日，这是她们的荣耀。她们一边准备安息日晚餐一边自己切磋学习。

女性比男性更渴望学习吗？

以色列当代女性很渴望通过学习来弥补她们知识的空白。她们不是只待在家里，然后认为自己不需要学习。现在，学院常年至少有 100 名女性学员。大多数男性上的课程设置里都没有类似马坦学院开设的课程，因为对于男性来说，他们可能会主观地认为一些内容比较简单。女性比身边的男性更渴望学习，她们渴望学习她们不知道的知识。涅查玛用希伯来语开设了一门特别课程，是在世界上的任何地方，都不会给男性开设的课程。在成人礼课的课前，老师要求同学写一封优美的信，让好的想法形成优美的文字，在成人礼课上和大家分享，这是学员之前在当家庭主妇的时候无法做到的。3 年之后，她只需要把笔放在纸上，仿佛笔自动就能使文字跃然纸上，一坐到电脑前就不由自主地想写，文思如泉涌。

诺米从女子学院的学生成为了院长，她说人类的精神世界和物质世界是不一样的。一个杯子只能装这么多，当你想要装更多的进去，已经装不下了，当你将杯子倒满的时候，它就会开始倾泻而出。与之相反，一个人在精神上学得越多，就用得越多。她感觉在这些年里，她学的东西越多，她掌握的也就越多，这些技能也帮助她达到一个更高的学习层次。她在此收获的更重要的东西是她能将所学奉献出来，她很感恩她每天早上能给大家上课，因为这是她生命中最美妙的事。

女子学院也帮助涅查玛·戈德曼从学员成长为教师。她的第一学位是计算机，她之前是学计算机数学的，后来在女子学院帮助下进入巴伊兰大学（目前以色列第二大学术机构）攻读《塔木德》硕士学位。在美国，即使你第一学位不是数学，第二学位也是可以修习数学的，而在巴伊兰大学，因为她的第一学位和《塔木德》完全无关，所以她必须先修 13 门课才能拿到《塔木德》的学位。就在那时，她们开始《塔木德》每日一页的漫长阅读。当初，她加入了志愿授课小组，一开始，她每两周教一节课，大概要花三到四天时间准备那一页的内容，现在就显得驾轻就熟多了，每次只要花一小时备课。

看到母亲在学习，会给孩子带来什么？

涅查玛·戈德曼自豪地说，女学员们是忠于犹太传统的女性。她们要遵循犹太传统，认为学习是生命的基础，是生命的源泉，她们觉得作为女性，她们有能力并且渴望为生命注入新能量。不仅仅是父亲，孩子看到他们的母亲也在学习，这对她们的孩子有很大的影响。在她看来，这是一场令人兴奋的教育革命。

这场革命不仅发生在女性身上，因为直到大约100年或者不到100年前，人们还只是忙于谋生和养活家庭。而今天的世界，人们有更多的闲暇时间。以前，在男人们利用闲暇时间研习之时，女性们大多待在家里。但是现在，她们也见了世面开了眼界，她们也有这种读书的需求。对于女性而言，为了带领她的家庭学习，母亲外出学习，并将所学带回来教给她的家庭。这种方式要比一两代以前的母亲角色更为重要。

母亲们聚集学习的意义是什么？

在中国MBA（工商管理硕士）很火爆，不同年龄段、来自世界不同地区的人一起学习如何赚钱。而在这里，则是

一个女性精神世界的 MBA，女性聚集在一起，追求更有意义的人生。从更实际的角度来说，就像耐克的广告语：只管去做！她们中的很多人，就拿涅查玛来说，她感觉她启示了周围的很多女性朋友：她们可以运用智慧，只管去做。她们想通过学习来提升自己，认为女性不应该被限制。她们有潜力、有知识。涅查玛自己是学数学的，莎拉是学计算机数学的，她们尝试不同的教学方法，并且可以把这些教学方法融合到一起。不论是高阶课、围桌课还是晚课，三五个朋友就可以组班，请一名教师来教。学院把妇女聚在一起，让她们加入学院董事会，管理学院，制定课程，她们必须明白她们能做到。

犹太奶奶们在上课

　　最后，诺米院长说，在读书时老师布置了一个作业，题目是：儒家有一本非常著名的书叫《论语》，其教育理念相对于我们犹太教育有何不同？我们的优势是什么？当时诺米没有完成这个作业，她很遗憾自己对儒家文化了解太少了。诺米院长最后说，很有必要和不同文化的学生交换思想，大家互相取长补短。以色列可以向中国学习，中国也可以向以色列学习。

舒姆利·宾

（Shmuli Bing）

耶明奥德青年营校长兼村长。

Shmul

单亲家庭子女如何从幸存者思维中走出来？

受访者 / 舒姆利·宾

Bing

幸存者的思维是"一切都靠别人，自己无法规划自己的未来"；领导者的思维则是"我是我自己的领导者，我可以规划我自己的未来；别人不是故事的主角，我才是故事的主角，我能活出自己的人生"。

——舒姆利·宾

孔子的思想是有教无类，强调教育均等性。如果犹太教育只擅长于培养精英，获得更多诺贝尔奖，这样的教育就失去了教育应有的包容与慈悲，如何为弱势学生负责可以检验一个学习系统的价值底线。

如果学校的学习让先天禀赋不足、命运多舛的学生能够建立自己的风格，提升精神的力量，则是教育的大善。

向新移民敞开的青年营

耶明奥德（Yemin Orde）是以色列北部的一个青年学生村，这里的学生来自俄罗斯、乌克兰、埃塞俄比亚等地，都是回归以色列的犹太孩子，他们在以色列没有亲人，或者是来自以色列的单亲家庭。校长兼村长舒姆利·宾在这里工作了 15 年，几乎认识每一个孩子。他告诉我，作为校长，他总是能从孩子们身上学到很多东西。

这是一个很有历史的农庄，建于 1953 年。农庄建立以来，生源结构在不断地变化，历年生源结构的变化就是犹太历史的一个缩影。在 20 世纪 50 年代，这里向所有"二战"幸存者敞开大门，然后是伊朗的移民，再然后是俄罗斯移

作者与舒姆利·宾在校区中交谈

民，接着是埃塞俄比亚的移民，现在这里还有从法国来的移民。从这里的孩子身上，你能看到犹太人在世界范围内所面临的诸多挑战。

这里像一座小城。孩子来到这里的时候，学校会准备好所需的一切。这里有宿舍，有餐厅、学习中心、足球场、游泳池，还配发衣服，配备了洗衣房。这里还有专业的员工，有护士、社工、医生，包括牙医，你能想到的孩子所需的一切，这里都有。学校里还有一对特拉维夫退休夫妇捐的一栋图书馆，这对夫妇也住在学校里。每当学校里有孩子身体不舒服的时候，他们就会去照顾孩子们，把孩子带到家里。

这边方圆十里没有别的生活区，学生们就在这里生活，这里已经形成了一个完整的社区。除了没有父母在身边，其他的都有。现在有 450 个孩子住在学校，在这边上课，在那边生活，应有尽有。

目前，大部分孩子都是新移民，有一部分是孤儿。有些孩子来自离异的家庭，有的是父亲或者母亲离世了。大约有 100 个学生家人在国外，这里是他们在以色列唯一的家。这些孩子多才多艺，有着巨大的潜力。生活中种种的不幸导致他们没能成功融入社会，几乎所有的孩子都和以色列社会隔着鸿沟，校长相信他们可以克服这个困难。

这里有 160 多个埃塞俄比亚学生。好多孩子刚到以色列，因为不认识新的朋友和邻居等多种原因，所以想从这里开始新的生活。我问他们："你来学校之后有什么新的改变吗？"他们说变得更自信了。我问他们为什么来这里，大多回答是亲朋好友推荐而来，是想来以色列生活的。

有学生刚离开家的时候很想父母，但一两个月后就习惯了。以前经常给父母打电话，后来就打得越来越少了。也有 12 年级面临毕业的学生，结束这里的学业后会去服兵役。有一部分孩子不会讲希伯来语，还有的孩子需要把英语作为第三语言来学习。这是一所高中学校，只有 9 年级到 12 年级。毕竟，没人忍心让年幼的孩子和父母分离，对于年龄太小的孩子，只有等他们长大到生活可以自理的时候再来这里上学。

学校在海外的教育代理机构叫 ALLER，代理机构找到学生后向学生介绍关于学校的情况，有的学生爸妈觉得这是个不错的选择，于是就来了。通常孩子们会比他们的父母先移民过来，然后父母再过来。来学校的几乎所有孩子都成为了以色列公民，其中一部分是刚下飞机就直接来到青年营的新移民。有的学生开始和家人住一起，但是社区环境比较差，学校会尽力去说服他们，将他们从社区接来。

70 分和 100 分哪个是最好的成绩？

和孩子们交谈是校长最重要的事情。"作为校长，我从我的孩子们身上学到了很多东西。"舒姆利告诉我，有个埃塞俄比亚的学生刚来时英语不会讲，但每天都会记日记，以自我反省和勉励，并拿给校长看。现在每天睡觉前依然会在他的小笔记本上记下当天做的好事，以及他觉得欠妥的和需要改进的地方。比如，需要向某人道歉，制定计划，明天的任务是什么，怎样才能比昨天做得更好。每一天，他都会在笔记本上写下来。

好几个埃塞俄比亚的学生表示自己最讨厌学习英语和数学这两门学科，但是觉得英语太重要了，于是硬着头皮学。校长总鼓励他们：不要和谁比赛，你也不必超越你自己，我们要尽自己所能完成每一件事。他告诉学生，如果 70 分是你能达到的最好成绩，那么 70 分对于你来说就是100 分；但如果 90 分是你能达到的最好成绩，那么只考了80 分是不够的。有学生说自己在上一所学校表现得不是很好，未能通过所有的入学考试，所以选择来这里上学，后来通过了所有科目的考试，拿到了大学入学通知。

学校也办了一个学术项目，这是三四年前创建的新项目，参加的学生会学习比其他孩子更多的电脑知识。他们中

有 5 个孩子将到以色列军队中最好的信息化部队服役。该项目的学生都是主动选择参与这个项目的，学校不会逼着孩子们做选择。到了项目里，只要你遵守规则，每人会有一台笔记本电脑。

采访来自埃塞俄比亚的学生

学校会在饭点的时候开放咖啡厅，那里会供应咖啡、茶、汤、饼干，他们想把这里打造成一个快乐的地方。咖啡厅会播放音乐，学生在用餐时不会感到不舒服，学生们在这里过逾越节是免费的，他们觉得这是一片乐土。他们还可以和更小的孩子们一起散步，学校需要找到一个能发挥孩子们的作用的地方。每天 4 点到 7 点，学校安排了大约 20 个不同的活动项目，包括艺术、音乐、体育等。校方希望孩子们都有事情可做，努力地提升他们自己，不仅限于头脑。

毕业就是说再见的时候吗？

学校的创办资金 70% 来自政府，政府是最大的出资方。这是最基础的资金，以色列的其他小型团体也向学校提供资金。作为校长，舒姆利对这里的孩子视如己出。政府给他提供了基本的条件，但他希望孩子们能过上丰富多彩的生活，缩小与社会的差距，成为有贡献的人，拥有自己的梦想。当他们有需要时，校长会想办法争取更多的资金来支撑他们的学业。

政府提供孩子们 9 年级到 12 年级的学费，学校专门成立了一个毕业生小组，负责为毕业生提供帮助。校长希望能继续帮助孩子们服兵役、上大学，这是他们另外 30% 捐赠资金的用处。

校长说，学校要一直对孩子们负责。他的目标就是希望每一个孩子都有所成就。这意味着在学生到 40 岁时学校的工作才会结束，而不是他们满 18 岁就撒手不管了。所以为保持对毕业生的跟进，学校需要制定一个计划。每当有孩子毕业，校长不忍对孩子说："恭喜你完成 12 年级的学习，非常感谢你，再见！"他要确保他们已经学到了可以在这个社会立足的东西。

在这里，教师们首先把孩子作为一个人看待，而不是学生。也会因材施教，希望孩子们能成功，而不在乎你以后是否继续在这里上学。如果有孩子想在农场工作，虽然班主任认为孩子需要在学校学习，但校长并不在乎。他希望孩子们能开心，所以会尽量去理解每个人，明白他们需要什么，校长语重心长地说他信任学生。若说学校的特别之处，就在

于校方能感受到每个孩子内心的想法。他们不会强制所有孩
子都必须早上起床，然后去上学。因为这样强制会造成伤
害，孩子会不自信，也可能他做这件事有动力，做其他事情
就没有动力了。所以学校现在正试着为每一个孩子量身定制
一个符合他自身情况的计划。

幸存者成为领导者的关键是什么？

　　我问校长，他遇到的最大挑战是什么。他认为是怎样
重塑孩子的自信，使其不惧怕拥有梦想。他愿意相信他们，
但有的人有时自己就选择放弃了。他告诉学生的是：不要
放弃，你很有潜力，你会成功的。凡事不要老想着走捷径，
不能撒谎，不要偷懒，因为你可以做到的。但有的孩子对
他说："我不想成功，因为我知道我没机会，我做不到的。"
他说，有句希伯来谚语是："说出你出生地的邮政编码，我
就能告诉你未来能挣多少钱。"在这个青年营里，你能付出
多少努力，你就能得到多少成果。生活就像一个天秤，大多
数孩子刚来的时候，他们会说："因为各种原因觉得自己不
会成功。"但他告诉学生的是：你可以成功也可以失败，我
们的任务就是让你相信你自己。当有人想放弃自己的时候，
老师会勉励他只要坚持就一定会做好。舒姆利告诉他的员工
说："这些孩子其实不懒，有的人只是不相信自己能做到，
那就让我们来帮助他实现梦想吧。当你身怀梦想，那么你就
有了早起的动力！"

　　对于学生来说，志愿者服务的作用非常重要，因为他
们的心态会因此改变。谈到志愿服务，舒姆利说："每一个

学生在田间劳作　　　学生都不是这个世界的累赘，而是答案。"有一个父母离异的孩子来到这里，他说："我是这个世界的累赘。"等他去做了志愿者后，他开始说："哇，我找到了与这个世界和解的方法。"如果一个人能够帮助别人，那他也能够帮自己。

　　学校是 7 天 24 小时的寄宿制，这是重新塑造一个人的

绝好时机。舒姆利校长称之为"从幸存者到领导者的转变"。幸存者的思维会说："一切都靠别人，而我无法规划自己的未来。"领导者的思维则是："我是我自己的领导者，我可以规划我自己的未来。别人不是故事的主角，我才是故事的主角，我能活出自己的人生。"

罗伊·巴尔·伊安
（Roy Bar lian）

嘉道理农业高中理事长。

Roy B

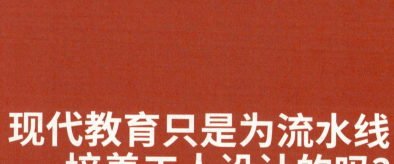

现代教育只是为流水线
培养工人设计的吗？

受访者 ／ 嘉道理农业高中师生

今天世界上所有学校的教育制度都是工业革命的产物。工业家说，我不需要这个孩子懂得怎么养鸡，我只需要他们在我的工厂工作。所以，他们需要并排坐在一起写作业，当下课铃一响就起身出门用餐，然后再回来坐下，循环往复，学生就培养成为流水线工人了。但如果你想让他成为发明家，那就不行。

——罗伊·巴尔·伊安

　　"二战"时，那个坐拥香港半岛酒店、垄断全港电力供应、大名鼎鼎的犹太家族嘉道理（Kadoorie），抢在战火烧到香港之前，在当时英国控制的巴勒斯坦地区买下 4000 亩土地，捐资兴建了一所中学，今天这所拥有 4000 亩土地的"农业富中"，为每个同学提供了学农的广阔天地。

　　嘉道理学校校外土地占地约 2000 德南[1]，校内土地占地约 330 德南。这么大一片土地，每门课程都会认领其中一片地专做种植和实验，孩子们大概每周得花上 5 小时在里面工作。种地并没有那么困难，因为是用拖拉机工作。这里没有专门的水利系统灌溉，只能靠天上的雨水，所以是季节性的工作。

现代学校教育与工业革命是什么关系？

　　罗伊理事长说，今天世界上所有学校的教育制度都是工业革命的产物。工业家说，我不需要这个孩子懂得怎么养鸡，我只需要他们在我的工厂工作。所以，他们需要并排坐在一

---

[1]　德南、土耳其、南斯拉夫和某些近东国家使用的土地丈量单位。1 德南约等于 1000 平方米。

起写作业，当下课铃一响就起身出门用餐，然后再回来坐下，如此循环往复学生就被培养成为流水线工人了。但如果你想让他成为发明家，那这种方式就不可行了。我们的教育就是激发和培养孩子们的创造力，让他们在各个岗位上绽放光芒。

在中国，主流教学方法就是题海战，罗伊认为这并不是教育孩子的正确方法。也许是因为独生子女政策，家中每位大人都把他们唯一的孩子当成小皇帝一样爱护，这不利于孩子独立思考的培养。首先，在教育孩子时必须根据他们的个性，而不是按照家长的个性。孩子千差万别，也许这个孩子会从这种学习方式中受益，而另一个孩子会从另外一种学习方式中受益。因此，良好的教育者应该要识别孩子的个性，他到底有什么特质以及有什么优点和缺点，然后因材施教。学校无法教给学生任何通向成功的秘方。学校不需要让他们背诵，学生要有足够的时间独立思考。成才之路不止一条，方法是多样的。教会学生解决问题的能力，这才是素质教育。

学生不能轻言放弃，要学会如何与其他领域的专业人士合作。作为团队的一员，一个人要能接受迥然不同的伙伴。嘉道理学校就是这方面一个典型的例子，这是一所多元文化的学校，来这里的孩子和工作人员都拥有不同的宗教信仰和文化背景。当你能接受与你自己不同的人，并让他们表现出色时，你的思考和做事方式将截然不同。

你在课堂提问吗？

罗伊理事长安排了几个 12 年级的孩子与我见面，我就

直截了当问了他们在这里学习的感受。

与学生们交谈

霍华德同学在学习阿拉伯语、生物还有农业;阿米恩和希尔一样,都在学习外交、生物和农业;尤素夫·迪恩在学习生物、化学和农业。他们都是同班同学,在他们班上,有很多同学学农业,也有同学不喜欢农业,喜欢学物理、设计和艺术。

我问同学们:"你们经常在课堂上提问吗?"他们异口同声回答:"是的,我们经常对感兴趣的问题发问。"同学们经常通过讨论、辩论来更深入地理解该门学科。我很好奇,老师鼓励他们提问,但是,班里有 31 个学生,如果 31 个同学每个人都问一个问题,老师们怎么讲课呢?同学们七嘴八舌告诉我,老师上课有很多模式。有一种直接教学,是就某个主题开展的小讲座,也有辩论或讨论,他提问然后你来解答。也有团队讨论,老师给学生们布置任务,让他们与小组成员一起完成。有时候整堂课都可以用来开展这样的讨论。形式是多种多样的，并不是让大家同时发言、同时提问。有时候你提问，有时候他提问，但终归是鼓励学生提问。

如果教育部以升学考试为最终目标，老师可以让 1 个学生在 3 个月内便具备升学考试资格，很多以色列的学校就是这么做的。大家学习 3 个月，然后去考试。但如果你有一整年的时间，你就会有一些空闲时间，你可以进行更细致的思考。如果学校要求老师们进行大量的教材教学，学生的空余时间就很少，就没有时间提问了。

看来以色列全日制学校教学最大的特色，就在于以色列老师希望学生提问，老师不希望学生简单相信老师所说的，希望他们畅所欲言，这是教授主义与建构主义学习体系之间最重要的差别。

教育部如何管理和评价公立学校？

公立学校开设的所有课程都必须通过以色列教育部审批。学校可以提新课程方案，然后提交教育部审批。如果教育部批准了研究项目，就可以根据孩子们选择的课程来制定预算。如果学生选择农业，学校会给学生额外的经费。如果他们选择生物学，也会有相应预算。

以农业生物学这门课为例，学生可以自己选择研究课题。阿米恩同学做过一项关于黄瓜的研究，她种了黄瓜并添加了某种营养素来促进它们生长，检查营养素对黄瓜的影响，当时她正准备去实验室写相关报告。

嘉道理学校采用学分制，比如说，每一个专业都是五

分制，其中有一分是关于在农场工作的研究课题。有多少家　　**上美术课的学生**
庭作业取决于不同的专业和专业分数，得五分比得三分的数
学家庭作业就要多，平均要多花一个半小时。因此想拿到高
分还是需要更多的努力和付出。

　　以色列高中毕业后的那一年，学生可以选择志愿服务
一年或者服一年的兵役。霍华德同学觉得他们高中毕业后到
服兵役前的这段时间，可以投入一些时间去学习他们一直想
学习的东西，去认识那些以前没有机会认识的人，和他们一
起生活一整年，也可以进一步研究自己所感兴趣的课题，大
家都可以根据自己需求去选择。

　　虽然是强制服兵役，但凡事有例外。如果你是以色列
公民，并且是穆斯林的话，那你就不需要服兵役。

自闭症学生们的作品

军队每年都会来学校招收士兵学员，学生要自己投考不同的部队，信息化部队是最热门的。军官对学生进行测评，学生可以征询他们的建议。按照军官的建议，学生们要经历一个漫长而艰难的过程，最后极少数才能成为国防军信息化部队中的一员。

关于大学入学考试，以色列学生有 10 门必修课会纳入全国统考，选修至少 1 门专业课，可以多选。大学按分数择优录取，基于学生们在学校获得的期末考试成绩，比如 SAT（Scholastic Aptitude Test，是高中生升入大学必须通过的测验）或者学业能力测试。这只是大学录取的第一步，假如你要成为优秀的学者，或者成为自己学科领域的专家，或者成为你所在公司的一名能力突出的员工，就不仅仅是要求成绩好这么简单了。

嘉道理中学还有以色列最大的自闭症学生教学区，其中大约还有 80 个孩子是智障，他们大多数人会讲话，但很吃力。所有自闭症和智障的孩子都和大家在同一个餐厅吃饭，一起干活儿。嘉道理的理念是要接受和普通孩子不一样的人。在这所农业学校的实验室里面也陈列着许多自闭症孩子的作品，他们也在这实验室里工作。

最后我问罗伊理事长："教育部会检查校长的哪些关键绩效指标？"

罗伊说，首先教育部要检查一组指标参数，而不仅仅是一个：孩子们对学校的感受如何；你的老师如何；你遭受过校园暴力吗；服兵役学生的比例；国家志愿服务者的比例。总之，嘉道理学校并不是以达到某个教学指标为目的，它希望学生通过在这里学习获得能力的同时，真正形成自己的价值观。

后记

把学习还给学习

2019 年 12 月公布的 OECD 国家 PISA 测评中，若将中国四省市（北京、上海、江苏、浙江）视作整体，其学生在数学、理学和阅读三个方面均排第一，而以色列的学生排名分别为 41、41、34。可见，就学生的平均水平来说，中国学生已经在全世界名列前茅了。但是，国家科技创新的竞争不在学生素质的均值，也不在中位数，而是最强精英之间的较量：谁的精英群体更牛？谁的诺贝尔奖更多？谁的原始创新更强？

以色列作为"一带一路"的创新门户，与位于亚洲大陆另一端的中国迎来了新的合作机遇期。2017 年 3 月，时任以色列总理内塔尼亚胡在访问中国时宣布，以色列和中国建立了"全面创新伙伴关系"。犹太科学家有丰富的奇思妙想，擅长于从 0 到 1 的构建，而中国科学家则擅长从 1 到 10 的验证落地，如果犹太科学家的最强大脑能够与中国的最尖端实验设备、最勤奋的科研人员和增长最快的大数据、大市场相结合，将会创造多少人间奇迹，也将为世界人民创造多么巨大的福祉！

世界历史的车轮滚滚向前，其间碾碎了多少部族、宗教、国家和文明，古巴比伦文明、古埃及文明、古印度文明都黯晦消沉在历史长河中。但也有一些文明经受住了历史的洗礼，经历了冲突与融合之后，在变革中艰难地存续下来。犹太文明和中华文明都属于此列。亚伯拉罕选择离开故土时，犹太民族命运的齿轮便开始了长达几千年波澜壮阔的转动。在千年的漂泊迁徙中，在饥饿、苦难、杀戮和欺侮的磨难中，他们始终坚持自己的信仰，在逆境中砥砺发奋，经历了民族大屠杀之后，实现了复兴回归。如今，以色列已是世界上最为强大和现代化的国家之一，为世界科学和科技的发展也做出了突出的贡献，其军事科技产业、农业、物理学和医学上的研发举世闻名，创造了 20 世纪人类历史上的奇迹。尽管长期流散各地，但犹太文明已经熬过 5782 年。而中华文明上下绵延 5000 多年，从未断裂，绵延不息，历经千年而今又走上民族复兴之路。两种文明在凝聚力、包容性上都有着类似的特质。学习，也许是这两个文明始终没有被打断的主要原因。犹太人的考试成绩并不是顶尖的，但他们的学习方式如此不同；他们拥有信仰与科学的双重标签，但他们却又对一切保持着质疑；他们有周密的思维传统和严谨的生活准则，但他们却同时热爱挑战和创新；他们的军事学习不是纸上谈兵而是荷枪实弹；他们的社会学习充满了各种可贵的独特探索，给出了多样的选择。

如果说经典的教育与创新的关系应该是"学习→创新"的二元关系，深入犹太人的社会、家庭、学校，我们会发现犹太人"大流散"形成的价值观构建了犹太学习模式，也可以说犹太文明的信仰植根于教育。从第二圣殿被毁至今，2000 多年来，犹太文明对学习的推崇，更重要的是它"提问式"的经学传统，深深影响了犹太家庭和学校教育模式，从而养育出一代代创新者，这就是"价值观＋学习→创新"
的三元合和模型。

　　美国心理学家 J.H. 弗拉维尔提出"元认知（meta-
cognition）"，即对认知的认知与调节能力，本书的研究正
是力图建立对犹太学习认知过程的认知，并学习这种特色的
过程。有别于灌输知识、练习、背诵的浅表学习，犹太民族
形成群体争辩、质疑提问、抽象思维这三大特色的深度学习
模式，由深度学习而激发创新元力。深度学习养成的一个暗
含条件就是给学习过程以最充分的自由。学习的目的就是学
习本身，不是为了黄金屋颜如玉，不是为了金榜题名、清北
复交，甚至也要暂时忘记为母亲争光，忘了母校的荣誉。在
这份寂静中，智慧和创造力就迸发了。以"为学习而学习"
的非功利价值观为基石，以深度学习模式为支柱，构建了犹
太民族的学习型社会。有趣的是，犹太人在学习上的非功利
性，反而成就了犹太人在世俗社会中政治、经济、金融领域
中巨大的功利。"夫唯不争，故天下莫能与之争"，求之不
得，不求得之。如果说应该学习深度学习模式，那就首先学
习一点，把学习毫无保留地还给学习本身。

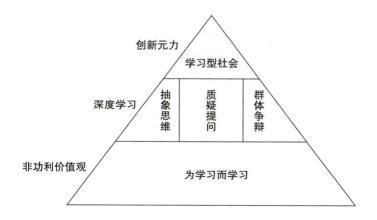

"为学习而学习"是从个体角度出发，把知识、生活与信仰融为一体。"为中华崛起而读书"是中华民族特有的家国情怀，中国创新型国家的崛起是 14 亿人的学习型社会的果实。

每个国家及每个民族都有其独特的文化色彩，都应给予充分尊重，正如费孝通先生所讲"各美其美，美人之美，美美与共，天下大同"。或许透过不同视角去认知世界，更会坚定自己对本民族文化的自信与自爱。

陈明键

2021 年 10 月